Índice

Índice

Estudio preliminar
Una filosofía «moral» de la historia

Pronto se ve que la Ilustración es algo sencillo en teoría, pero que resulta muy arduo y lento de poner en práctica.

Crítica del discernimiento, Ak. V 294 nota.

I. Kant y la Ilustración[1]

El siglo XVIII es conocido en términos historiográficos como «el Siglo de las Luces». Los pensadores de aquella época estaban convencidos de poder acabar con las tinieblas del oscurantismo y entendieron que su misión consistía en alumbrar al género humano con la luz del pensamiento racional. Tal era el fantasma que recorría la Europa de aquel entonces. En Inglaterra se llamaban *freethinker,* en Francia *philosophes* y en Alemania *Aufklärer.* Pero ya fueran librepensadores ingleses, filósofos franceses o ilustrados alemanes, todos ellos compartían un mismo culto: el confiar en que con las luces de la razón podían combatir toda superstición y transformar el orden establecido «civilizando a la humanidad», por utilizar la expresión de Voltaire. Mientras Diderot impul-

---

1. Este primer apartado del estudio preliminar fue publicado con anterioridad en el número 25 de la revista *Isegoría* (2001).

sa el magno proyecto de la *Enciclopedia,* Kant emprende su crítica de la razón, instituyendo un tribunal que garantice sus pretensiones legítimas y cancele cualquier presunción infundada, no mediante argumentos de autoridad, sino a través de las leyes eternas e inmutables que la propia razón posee. Todo ha de someterse al dictamen de semejante tribunal presidido por la razón humana y aquello que pretenda zafarse de tal crítica, como sería el caso de la religión revelada o la legislación codificada, suscita una justificada sospecha en contra suya, pues la razón sólo dispensa su respeto hacia «lo que puede resistir un examen público y libre»[2]. Este dictamen, contenido en el prólogo a la primera edición de su *Crítica de la razón pura* (1781), anuncia las líneas maestras del razonamiento seguido por Kant en el opúsculo que nos ocupa.

Su *Contestación a la pregunta: ¿Qué es la Ilustración?* es publicada en 1784 por la *Berlinische Monatsschrift,* la *Revista mensual de Berlín.* Kant ha cumplido 60 años y es bien conocido como el autor de la *Crítica de la razón pura.* Además, aunque no ha publicado nada en la década de 1770, su fama como docente universitario había transcendido las fronteras de su Königsberg natal, confiriéndole un enorme prestigio en toda Europa. Su propósito en el aula no era enseñar filosofía, sino aprender a filosofar[3], tal como señalaba en el anuncio de los cursos que

---

2. Cfr. *Crítica de la razón pura.* A XI-XII.
3. Aparte del conocido *locus* clásico, Kant dice también «No tengo la intención de enseñar filosofía, sino de enseñar a filosofar» en una hoja inédita recién descubierta, cuya versión castellana (realizada por Ana Carolina Gutiérrez-Xivillé) se ha publicado bajo el título de *Un regalo para Rose Burger. Notas y comentarios sobre una recién hallada hoja*

¿Qué es la Ilustración?
Y otros escritos de ética, política
y filosofía de la historia

Immanuel Kant

¿Qué es la Ilustración?

Y otros escritos de ética, política
y filosofía de la historia

Edición de Roberto R. Aramayo

Alianza editorial
El libro de bolsillo

TÍTULOS ORIGINALES: *Beantwortung der Frage: Was ist Aufklärung?* (1784). *Idee zu einer allgemeinen Geschichte in weltbürgerlicher Absicht* (1784). *Recensionen von I. G. Herders Ideen zur Philosophie der Geschichte der Menscheit* (1785). *Muthmasslicher Anfang der Menschengeschichte* (1786). *Über den Gemeinspruch: Das mag in der Theorie richtig sein, taugt aber nicht für die Praxis* (1793). *Vorarbeiten zum Gemeinspruch.*

TRADUCCIÓN DE: Roberto R. Aramayo («Contestación a la pregunta: ¿Qué es la Ilustración?» y «Borrador de "Teoría y práctica"»). Roberto R. Aramayo y Concha Roldán Panadero («Idea para una historia universal en clave cosmopolita», «Recensiones sobre la obra de Herder "Ideas para una Filosofía de la Historia de la Humanidad"» y «Probable inicio de la historia humana»). Roberto R. Aramayo y M. Francisco Pérez López («En torno al tópico: "Eso vale para la teoría, pero no sirve para la práctica"»)

Primera edición: 2004 / Segunda edición: 2013, segunda reimpresión: 2019

Diseño de colección: Estudio de Manuel Estrada con la colaboración de Roberto Turégano y Lynda Bozarth
Diseño cubierta: Manuel Estrada
Ilustración de cubierta: Grabado con bombillas incandescentes y pantallas (s.f., detalle) © Bettmann / Corbis / Cordon Press
Selección de imagen: Carlos Caranci Sáez

Reservados todos los derechos. El contenido de esta obra está protegido por la Ley, que establece penas de prisión y/o multas, además de las correspondientes indemnizaciones por daños y perjuicios, para quienes reprodujeren, plagiaren, distribuyeren o comunicaren públicamente, en todo o en parte, una obra literaria, artística o científica, o su transformación, interpretación o ejecución artística fijada en cualquier tipo de soporte o comunicada a través de cualquier medio, sin la preceptiva autorización.

© de la edición: Roberto Rodríguez Aramayo, 2004
© de la traducción de «Contestación a la pregunta: ¿Qué es la Ilustración?» y «Borrador de "Teoría y práctica"»: Roberto Rodríguez Aramayo, 2004
© de la traducción de «Idea para una historia universal en clave cosmopolita», «Recensiones sobre la obra de Herder "Ideas para una Filosofía de la Historia de la Humanidad"», «Probable inicio de la historia humana» y «En torno al tópico: "Eso vale para la teoría, pero no sirve para la práctica"»: Editorial Tecnos (Grupo Anaya, S. A.), 2001, 2002
© Alianza Editorial, S. A., Madrid, 2004, 2019
   Calle Juan Ignacio Luca de Tena, 15; 28027 Madrid
   www.alianzaeditorial.es

ISBN: 978-84-206-7873-3
Depósito legal: M. 28.411-2013
Printed in Spain

Si quiere recibir información periódica sobre las novedades de Alianza Editorial, envíe un correo electrónico a la dirección: alianzaeditorial@anaya.es

impartía sobre las más variopintas materias: antropología, ética, filosofía del derecho, filosofía de la religión, geografía, lógica, pedagogía o metafísica.

Un antiguo discípulo suyo –nada menos que Herder– nos comenta lo siguiente a propósito del magisterio kantiano: «Tuve la suerte de tener como profesor a un gran filósofo al que considero un auténtico *maestro de la humanidad*. Este hombre poseía por aquel entonces la viveza propia de un muchacho, cualidad que parece no haberle abandonado en su madurez. Su ancha frente, hecha para pensar, era la sede de un gozo y de una amenidad inagotables; de sus labios fluía un discurso pletórico de pensamientos. Las anécdotas, el humor y el ingenio se hallaban constantemente a su servicio, de manera que sus lecciones resultaban siempre tan instructivas como entretenidas. En sus clases se analizaban las últimas obras de Rousseau con un entusiasmo sólo comparable a la minuciosidad aplicada al examen de las doctrinas de Leibniz, Wolff, Baumgarten o Hume, por no mentar la perspicacia derrochada a la hora de exponer las leyes naturales concebidas por Kepler y Newton; ningún hallazgo era menospreciado para mejor explicar el *conocimiento de la Naturaleza* y el *valor moral del ser humano*. La historia del hombre, de los pueblos y de la Naturaleza, las ciencias naturales, las matemáticas y la experiencia: tales eran las fuentes con que este filósofo animaba sus lecciones y su trato. Nada digno de ser conocido le era indiferente; ninguna cábala o secta, así como tampoco ventaja ni ambi-

suelta de Kant, editada por Steve Naragon y Werner Stark, *Isegoría* 48 (junio, 2013). p. 333.

ción algunas, empañaron jamás su insobornable pasión por dilucidar y difundir la verdad. Sus alumnos no recibían otra consigna salvo la de *pensar por cuenta propia;* nada le fue nunca más ajeno que el despotismo. Este hombre, cuyo nombre invoco con la mayor gratitud y el máximo respeto, no es otro que Immanuel Kant»[4].

Así pues, al querer definir el término «Ilustración», Kant viene a identificarla con su propio quehacer como profesor universitario. Sus alumnos –según el testimonio de Herder– no recibían otra consigna que la de pensar por sí mismos y ésa será justamente la divisa del movimiento ilustrado: ¡atreverse a pensar! Acostumbrarse a ejercitar nuestra propia inteligencia sin seguir necesariamente las pautas determinadas por cualquier otro. El hombre debe aprender a emanciparse de toda tutela y alcanzar una madurez intelectual que suele rehuir por simple comodidad.

1. Otras definiciones kantianas del término «Ilustración»

Una definición muy similar es reiterada por Kant sólo dos años después en una nota del escrito titulado *¿Qué significa orientarse al pensar?,* el cual fue publicado en 1786. «*Pensar por cuenta propia* –escribe allí– significa buscar dentro de uno mismo (o sea, en la propia razón) el criterio supremo de la verdad; y la máxima de pensar siempre por

---

4. Herder, *Cartas relativas al fomento de la humanidad,* 79; SW XVII 404.

sí mismo es lo que mejor define a la *Ilustración*. La Ilustración no consiste, como muchos se figuran, en acumular conocimientos, sino que supone más bien un principio negativo en el uso de la propia capacidad cognoscitiva, pues con mucha frecuencia quien anda más holgado de saberes es el menos ilustrado en el uso de los mismos. Servirse de la propia razón no significa otra cosa que preguntarse a sí mismo si uno encuentra factible convertir en principio universal del uso de su razón el fundamento por el cual admite algo o también la regla resultante de aquello que asume. Esta prueba puede aplicarla cualquiera consigo mismo; y con dicho examen verá desaparecer al momento la superstición y el fanatismo, aun cuando no posea ni de lejos los conocimientos que le permitirían rebatir ambos con argumentos objetivos. Implantar la Ilustración en *sujetos individuales* mediante la educación es relativamente sencillo, pues basta con que los jóvenes se vayan acostumbrando a esta reflexión desde una temprana edad. Pero ilustrar a toda una época es cuestión de mucho tiempo, pues hay muchos obstáculos externos que dificultan e impiden ese tipo de educación»[5].

Pensar por sí mismo sigue siendo lo que mejor define a la Ilustración. Además no hay que confundir a ésta con una simple acumulación de conocimientos. El ilustrado no tiene por qué ser necesariamente un erudito, sino alguien que sepa utilizar convenientemente sus recursos intelectuales y se interrogue a sí mismo por las razones que le hacen asumir una determinada pauta de conducta, preguntándose tan sólo si dicha regla podría ser asu-

---

5. Cfr. *¿Qué significa orientarse al pensar?,* Ak. VIII 146-147 nota.

mida por cualquier otro como un principio de actuación universal. Después de todo, ésa es la esencia del criterio ético acuñado por Kant en su *Fundamentación para una metafísica de las costumbres* (1785), compulsar si mi máxima pudiera valer como ley universal, o sea, que pudiera ser adoptada como propia por los demás bajo cualesquiera circunstancias.

Quien piense por cuenta propia evitará sucumbir tanto a la superstición como al fanatismo, nos dice también Kant en el citado pasaje de *¿Qué significa orientarse al pensar?* Algo en lo que insistirá cuatro años después, en 1790, cuando publique su tercera *Crítica* (esa *Crítica del discernimiento* que merced a Morente se solía conocer en castellano como *Crítica del Juicio*). En el § 40 de dicha obra Kant nos brinda una nueva definición referente a la Ilustración, si bien es cierto que lo hace colateralmente, al hablarnos de las máximas del sentido común, las cuales no serían otras que éstas: 1) pensar por cuenta propia, 2) pensar adoptando el punto de vista que tienen los demás y 3) mostrarse consecuente con uno mismo al pensar. Según el razonamiento que Kant hace aquí, cuando se busca un juicio que deba servir como regla universal, nada resulta más natural que abstraer del mismo toda emoción y aliciente personal, para intentar tener un juicio lo más objetivo posible. Lo contrario del pensar por uno mismo equivale a dejarse guiar sin más por los prejuicios y la superstición. La Ilustración, por tanto, no significaría justamente sino liberarse de los prejuicios y la superstición[6].

6. Cfr. *Crítica del discernimiento,* Ak. V 294.

Los prejuicios, la superstición y el fanatismo represen-
tan las cadenas de que debe liberarnos esa Ilustración
propugnada por Kant. Para ejercitarla bastaría con aplicar las tres máximas del sentido común, a saber, pensar
siempre por sí mismo sin perder de vista el parecer ajeno, siendo luego consecuente con todo ello. De nuevo
Kant recurre a una nota para explayarse sobre la Ilustración: «Se ve pronto que la Ilustración es asunto fácil *in
thesi*, pero arduo y lento *in hypothesi*, pues no permanecer pasivo con su razón, sino ser siempre autolegislador,
es algo, ciertamente, muy fácil para el ser humano que
tan sólo quiere adecuarse a su fin esencial, y que no pretende saber aquello que está por encima de su entendimiento. Pero como apenas si cabe evitar la aspiración hacia esto último y como nunca faltarán otros que prometan
con mucha seguridad poder satisfacer este deseo de saber, por ello es muy difícil mantener o elaborar lo meramente negativo (que constituye la auténtica Ilustración)
en el modo de pensar (particularmente en el público)»[7].

2. Los tutores del pueblo y el papel de la filosofía

Aquel que pretenda transgredir los límites de su capacidad cognoscitiva se convertirá en una presa fácil del fanatismo y la superstición, pues nunca faltarán voluntarios que le ofrezcan absurdas recetas para satisfacer esa
estéril curiosidad. En *¿Qué es la Ilustración?* Kant había
llamado a estos voluntarios «tutores». Dichos tutores no

---

7. Cfr. *Crítica del discernimiento,* Ak. V 294 nota.

aspirarían a ser el mentor de sus pupilos para orientarles y aconsejarles hasta que puedan valerse por sí mismos. Bien al contrario, pretenderían ejercer una tutela vitalicia que impidiese su plena emancipación. Por desgracia, el diagnóstico kantiano en este punto continúa siendo tan certero como desolador. Todavía hoy son muchos los que prefieren seguir confortablemente instalados en una suerte de infancia intelectual y moral, sin tomarse nunca la molestia de asumir sus propias responsabilidades ni mucho menos pensar por cuenta propia, optando en todo momento por seguir pautas ajenas.

Desde luego, siempre nos encontraremos con alguien bien dispuesto a regular nuestra existencia: un médico que nos prescriba nuestra dieta, un sacerdote que nos evite apelar a nuestra conciencia o un abogado que nos dicte las normas a seguir en cada momento. Kant retomará este argumento en la última de sus obras publicadas. Me refiero a *El conflicto de las Facultades* (1798). Allí se refiere con toda mordacidad al papel jugado por los médicos, abogados y sacerdotes como instrumentos del gobierno para manejar a sus administrados. Cualquiera de nosotros desea indudablemente tener una vida tan larga como saludable, además de ver preservado su patrimonio y encontrar algo que nos consuele de la muerte. «Según el *instinto natural* –escribe Kant–, el médico habría de ser el personaje más importante para el hombre, al tratarse de quien prorroga su *vida,* luego le seguiría en importancia el jurista, que se compromete a velar por sus *bienes materiales* y sólo en último lugar (casi en el umbral de la muerte), aun cuando esté en juego la dicha eterna, se buscaría al sacerdote; pues incluso este mismo, por mucho que aprecie la felicidad del mundo futuro, al no tener ningún testimonio de la misma, le reclama vehementemente al médico el permanecer un ratito más en este valle de lágrimas»[8].

Desgraciadamente, observa Kant, «el pueblo no cifra su máxima dicha en la libertad, sino en sus fines naturales», los cuales vienen a quedar concretizados en los tres aspectos ya señalados, es decir, gozar de buena salud, tener a salvo nuestro dinero y superar de algún modo el temor a la muerte. La filosofía, sin embargo, «sólo puede admitir todos esos deseos a través de prescripciones tomadas de la razón y, permaneciendo adicta al principio de la libertad, se limita a sostener aquello que el hombre debe y puede hacer; vivir *honestamente,* no cometer *injusticias,* mostrarse *moderado* en el goce y paciente en la enfermedad, ateniéndose sobre todo a la espontaneidad de la Naturaleza; para todo esto no se requiere, claro está, una gran sabiduría, pues en gran parte todo se reduce al hecho de que uno refrene sus inclinaciones y confíe la batuta a su razón, algo que, sin embargo, no le interesa en absoluto al pueblo por representar un esfuerzo personal»[9].

Pero el pueblo encuentra en los preceptos recién enumerados una mala alternativa para su inclinación a gozar y su aversión a cultivarse, por lo que sus reivindicaciones rezarían más o menos así, según nos dice literalmente Kant: «"Lo que parlotean ustedes, señores *filósofos,* ya lo sabía por mi cuenta desde hace mucho tiempo; lo que a mí me interesa averiguar de vosotros en vuestra condi-

8. Cfr. *El conflicto de las Facultades,* Ak. VII 22.
9. Cfr. *El conflicto de las Facultades,* Ak. VII 30.

ción de sabios es más bien esto: ¿Cómo podría, aun cuando hubiese vivido como un *desalmado,* procurarme a última hora un billete de ingreso al reino de los cielos?; ¿cómo podría, aun cuando *no tuviese razón,* ganar mi proceso?; y ¿cómo podría, aun cuando hubiese usado y *abusado* a mi antojo de mis fuerzas físicas, seguir estando sano y tener una larga vida? Para eso habéis estudiado y debierais saber más que cualquiera de nosotros (a quienes calificáis de idiotas), cuya única pretensión es la de tener buen juicio". Da la impresión –apostilla el Kant de *El conflicto de las Facultades*– de que el pueblo se dirigiera al erudito como a un adivino o a un hechicero familiarizado con las cosas sobrenaturales; pues el ignorante gusta de forjarse una idea exagerada acerca de las cualidades del sabio a quien exige algo excesivo. Por eso resulta fácil presumir que, si alguien es lo bastante osado como para hacerse pasar por taumaturgo, éste conquistará al pueblo y le hará abandonar con desprecio el bando de la Facultad de Filosofía»[10], o sea, el de la libertad.

Esa libertad que propugna la filosofía tiene un alto precio: esforzarse a pensar por uno mismo sin la guía de un tutor que nos pueda relevar en tan fastidiosa tarea. Como el niño que aprende a caminar, al principio el paso es titubeante y resulta inevitable dar algún tropiezo, pero luego el paso se vuelve cada vez más firme y seguro. Se trata de combatir la cobarde pereza que nos impide caminar por nuestra cuenta y riesgo, sin asir la mano del tutor de turno. En 1784 Kant aludía genéricamente a unos tutores que se ofrecen voluntarios para dirigir la

10. Cfr. *Op. cit.,* Ak. VII 30-31.

vida de la gente, imposibilitando con ello que abandonen su «minoría de edad» y sigan precisando andaderas ajenas. Catorce años más tarde dichos tutores quedan personificados por antonomasia en los tres colectivos profesionales ya mencionados, a saber: médicos, jurisconsultos y clérigos, quienes –a su modo de ver– se mostrarían extremadamente propicios a hacerse pasar por taumaturgos ante los ojos del pueblo. Al filósofo le tocaría oponérseles públicamente, no para derribar sus doctrinas, sino para desmentir esa fuerza mágica que se les atribuye de un modo supersticioso.

Merced a esa supersticiosa magia el pueblo cree, por ejemplo, que gracias al cumplimiento de ciertos ritos o formalidades religiosas pueden lavarse automáticamente los más execrables crímenes, con tal de creer a pie juntillas en unas doctrinas cuyo auténtico significado ni siquiera se intenta comprender jamás o, dentro del ámbito jurídico, que la observancia literal de una determinada ley nos impida preguntarnos por cuál fue su espíritu inicial y, por lo tanto, si cabe acomodar éste a unas nuevas circunstancias, por no hablar del cuidado de nuestra propia salud, la cual es encomendada ciegamente a los facultativos del ramo. Kant derrocha toda su ironía sobre unos tutores que se hallarían cuando menos tan encadenados como sus pupilos a los manuales al uso. Pues el teólogo bíblico no podría tomar sus doctrinas de la razón, sino únicamente de la Biblia, ni el profesor de Derecho extraer sus teorías del derecho natural, teniendo que limitarse a entresacarlas del código civil, al igual que un médico no habría de fundamentar su terapéutica en la fisiología del cuerpo humano, sino que se vería obligado a consultar un vademécum de medicina convenientemente sancionado por las autoridades competentes.

Las Facultades de Teología, Derecho y Medicina representaban para Kant el ala derecha del parlamento universitario, en tanto que la de filosofía constituía su ala izquierda. Mientras que las primeras han de salvaguardar los estatutos del gobierno, los filósofos representarían algo así como el partido de una eterna oposición, puesto que nunca estarían llamados a ejercer el poder, aun cuando siempre deban asesorar a quien lo detenta. En el artículo secreto de *Hacia la paz perpetua* (1795) Kant dejó escrito lo siguiente: «No cabe confiar en que los reyes filosofen o esperar que los filósofos lleguen a ser reyes, pero tampoco hay que desearlo, porque detentar el poder corrompe inexorablemente aquella libertad que debe caracterizar al juicio de la razón. Sin embargo, es imprescindible que los reyes no hagan desaparecer o acallar a la casta de los filósofos y que, por el contrario, les dejen hablar públicamente para que iluminen su tarea»[11]. Al entender de Kant, ésa es justamente la misión de los filósofos: alumbrar el camino a todos los demás, ya se trate del gobierno, de los teólogos o de los juristas.

Suele creerse –comenta Kant– que la filosofía debe oficiar como sirvienta de la teología, pero no se aclara si debe precederla con la luz de su antorcha o seguirla sujetando la cola de su regio manto. «Incluso cabría conceder a la Facultad de Teología la arrogante pretensión de que la Filosofía sea su sierva (aunque siempre subsista la

11. Cfr. *Hacia la paz perpetua,* Ak. VIII 369.

duda de si ésta precede a su graciosa señora *portando la antorcha* o va tras ella *sujetándole la cola* del manto), con tal de que no la despidan o le tapen la boca; pues justamente esa modesta pretensión de ser libre, [...] tan sólo para descubrir la verdad en provecho de cada ciencia [...] debe recomendarla ante el propio gobierno como nada sospechosa y del todo imprescindible»[12]. «El jurista, que tiene como símbolo de su oficio la *balanza* del derecho y la *espada* de la justicia, se sirve comúnmente de la espada, no sólo para mantener apartada de la balanza cualquier influencia extraña, sino también para ponerla en esa balanza cuando no quiere que se hunda uno de los platillos; el jurista que no es al mismo tiempo filósofo tiene la enorme tentación de hacer esto, porque su cometido es aplicar sin más las leyes existentes, mas no indagar si precisan una mejora»[13].

3. Uso privado/uso público de la razón: ¿un antídoto contra las revoluciones?

Esta indagación sería el quehacer del filósofo, tal como señala Kant en *Hacia la paz perpetua* (1795) y *El conflicto de las Facultades* (1798). Ahora bien, en *¿Qué es la Ilustración?* (1784) este papel lo podía ejercer cualquier persona instruida *(Gelehrte)* que tuviese una opinión formada sobre un determinado asunto. La Ilustración sólo requiere libertad, la más inofensiva de las libertades

---

12. Cfr. *El conflicto de las Facultades,* Ak. VII 28.
13. Cfr. *Hacia la paz perpetua,* Ak. VIII 69.

–precisa Kant–, libertad para hacer un *uso público* de la propia razón, expresando por escrito nuestras críticas y argumentos ante aquel público que configura el mundo de los lectores *(Leserwelt)*. A este uso público Kant contrapone un *uso privado,* esto es, un uso restringido a cierto ámbito, un uso particular y no general. Todo aquel que forme parte de la maquinaria del Estado debe atenerse a este uso privado, en tanto que desempeñe una determinada función o encomienda. Los ejemplos que aduce Kant son el del soldado que cumple una orden, el de un ciudadano a la hora de pagar sus impuestos y el del sacerdote cuando prepara sus homilías para los miembros de su parroquia.

Que un oficial discutiera la orden impartida por un superior al ir a ejecutarla resquebrajaría esa disciplina que requiere todo ejército y por ello ha de limitarse a cumplir sus órdenes, aun cuando luego pueda verter sus observaciones por escrito, como especialista en el tema, para denunciar las deficiencias que haya detectado y tender a subsanarlas. A la hora de pagar los impuestos, el ciudadano debe hacerlo sin rechistar, porque lo contrario podría dar lugar a una insumisión fiscal generalizada, pero eso no es óbice para que posteriormente publique sus alegaciones contra la inconveniencia o injusticia de tales tributos. De igual modo, las homilías que un sacerdote dirige a sus feligreses habrán de ajustarse al credo profesado por su Iglesia, dado que fue aceptado en su seno bajo esa condición. Cuanto enseña en función del puesto que desempeña será presentado como algo con respecto a lo cual él no es libre para enseñarlo según su propio criterio, habida cuenta de que ha sido emplazado a exponerlo según una prescripción ajena, si bien como especialista en la materia tenga plena libertad para exponer a los lectores interesados por el asunto sus discrepancias y juicios personales al respecto.

Reparemos en la paradoja que conlleva este último ejemplo del distingo kantiano entre uso público y uso privado de la propia razón. En cuanto sacerdote no es libre, ni tampoco le cabe serlo, al estar ejecutando un encargo ajeno; en cambio, como alguien docto que habla mediante sus escritos al público en general, esto es, al mundo, dicho sacerdote disfruta de una libertad ilimitada para usar públicamente su razón y hablar en su propio nombre. Al sarcástico Hamann esta distinción kantiana le parecerá tan cómica como distinguir entre lo digno de risa y lo risible. «¿Para qué me sirve –dirá Hamann en *Una carta sobre la Ilustración*– el *traje de fiesta* de la libertad, si en casa tengo que llevar el *delantal* de la esclavitud?»[14].

Sin embargo, Kant sí estaba plenamente convencido de que su distinción entre uso público y uso privado de la razón comportaba una indudable ventaja, puesto que bien aplicada podía evitar el recurso a la revolución. Esto lo vio muy bien Erhard en su escrito de 1795 *Sobre el derecho del pueblo a una revolución:* «Es posible –leemos allí– que las constituciones se adapten a los diferentes grados de emancipación, impidiendo de este modo la verdadera revolución, hasta el extremo de que todo sucede poco a poco e imperceptiblemente la constitución consigue su correcta forma moral. Igual que se dice que

14. Cfr. *¿Qué es Ilustración?,* Tecnos, Madrid, 1993, p. 35.

el pueblo es culpable de su minoría de edad, también se puede afirmar del gobierno que él fue el culpable de toda revolución, al no haberse sabido adaptar a la emancipación o no respetar los derechos humanos del pueblo. Feliz es el Estado en donde su gobierno es constantemente tan justo como para tratar al pueblo en correspondencia con lo exigido por la Ilustración. En tal Estado ocurre lo que pasa en otros a través de la *revolución;* sin embargo, a este tipo de Estado se llega por la evolución producida merced a la Ilustración»[15]. Kant apuesta decididamente por la vía de una paulatina reforma constitucional que vaya mejorando ésta poco a poco y haga superfluo el recurrir a un traumático proceso revolucionario. «Mediante una revolución –leemos en *¿Qué es la Ilustración?* (Ak. VIII 36)– quizá se logre derrocar un despotismo personal, así como la opresión generada por su codicia y ambición, pero nunca logrará establecer una verdadera reforma en el modo de pensar» ni emanciparnos, por tanto, del prejuicio y de la superstición.

Al contrario que Erhard, Kant jamás admitió que un pueblo tuviese derecho alguno a la revolución, aunque fuera para derrocar a la más execrable de las tiranías. En *La metafísica de las costumbres* (1797), Kant afirma tajantemente: «Contra el supremo legislador del Estado no hay ninguna resistencia legítima por parte del pueblo; no existe ningún derecho de revolución para rebelarse o atentar contra su persona, ni siquiera bajo el pretexto de que abusa tiránicamente del poder. El más mínimo intento en ese sentido supone un crimen de alta traición y

15. Cfr. *Op. cit.,* pp. 95 y 97.

el traidor ha de ser castigado con la muerte»[16]. Kant está repitiendo aquí los argumentos explicitados en su *Teoría y práctica* de 1793: «Toda oposición contra el supremo poder legislativo, toda incitación que haga pasar a la acción el descontento de los súbditos, todo levantamiento que estalle en rebelión, es el delito supremo y más punible de una comunidad, porque destruye sus fundamentos. Y esta prohibición es *incondicionada,* de suerte que, aun cuando aquel poder o su agente –el jefe del Estado– haya llegado a violar el contrato originario y a perder con eso, ante los ojos del súbdito, el derecho a ser legislador por autorizar al gobierno para que proceda de modo absolutamente despótico (tiránico), a pesar de todo sigue sin estar permitida al súbdito ninguna oposición a título de contraviolencia»[17].

Estas contundentes afirmaciones en contra de un presunto derecho a rebelarse contra el despotismo y la tiranía las vierte alguien que, por otra parte, simpatizó abiertamente con los levantamientos de Irlanda o la sublevación de las colonias norteamericanas, además de manifestar un encendido entusiasmo hacia los revolucionarios franceses. Pero este doble rasero no significa que Kant sea inconsecuente consigo mismo, sino que aplica distintos enfoques a uno y el mismo problema. Felipe González Vicén lo explica muy bien en su libro *La filosofía del Estado en Kant:* «El problema de resistencia al poder no es tratado por Kant desde el punto de vista histórico de su posible justificación o no justificación, sino sólo como un

16. Cfr. *Metafísica de las costumbres,* Ak. VI 320.
17. Cfr. *Teoría y práctica...,* Ak. VIII 299.

problema de lógica jurídica. Su condena de toda revolución no encierra, en realidad, un juicio valorativo; sólo dictamina que un "derecho" de resistencia es un contrasentido en sí mismo, meras palabras sin contenido alguno»[18].

Ahora bien, una cosa es que la revolución, enfocada como un presunto derecho a la rebelión del pueblo contra su tirano, suponga un absurdo jurídico y otra muy distinta es el juicio que Kant emite como filósofo de la historia, cuando enjuicia desde otro punto de vista los movimientos revolucionarios de su tiempo, como es el caso de la Revolución por antonomasia, es decir, de la Revolución francesa, que Kant califica como un signo inequívoco del progreso moral de la humanidad, a la vista del entusiasmo que suscita en cualquier espectador imparcial. En la segunda parte de *El conflicto de las Facultades*, publicada en 1798 y que porta el significativo título de «Replanteamiento de la pregunta sobre si el género humano se halla en constante progreso hacia lo mejor», Kant afirma con toda contundencia lo siguiente: «La revolución de un pueblo pletórico, que estamos presenciando en nuestros días, puede triunfar o fracasar, puede acumular miseria y atrocidades en tal medida que cualquier hombre sensato nunca se decidiese a repetir un experimento tan costoso, aunque pudiera esperar llevarlo a cabo venturosamente al emprenderlo por segunda vez y, sin embargo, esa revolución –a mi modo de ver– encuentra en el ánimo de todos los espectadores (que no están comprometidos ellos mismos en ese juego) una *simpatía*

---

18. Cfr. *La filosofía del Estado en Kant,* La Laguna, 1952, p. 96.

conforme al deseo que colinda con el entusiasmo y cuya propia exteriorización lleva aparejado un riesgo, la cual no puede tener otra causa que una disposición moral en el género humano»[19].

Eso sí, en una de sus *Reflexiones* inéditas, Kant celebra que dicha revolución haya tenido lugar bastante lejos de su territorio. Al contemplar a un pueblo gobernado antes por el absolutismo y cuya republicanización conlleva las mayores tribulaciones, el espectador de la Revolución francesa queda embargado por un vivo entusiasmo que le hace desear ardientemente la consecución de tal empresa, «hasta el punto de que incluso a los habitantes de un Estado gobernado más o menos como aquél (Prusia) les gustaría realizar también esa transición, máxime si pudiera tener lugar sin una revolución violenta que no desean para sí; en parte, porque tampoco les va tan mal y, sobre todo, porque además el enclave del Estado al que pertenecen tampoco permite otra constitución sino la monárquica sin correr el riesgo de quedar desmembrado por sus vecinos colindantes»[20].

Es cierto que Kant aplaude la Revolución francesa e incluso da en considerarla un hito muy significativo para el progreso moral de la humanidad, pero no es menos cierto que no está demasiado interesado en que Prusia pase por la misma experiencia. Tampoco hay necesidad, pues no le parece tan importante la forma que pueda tener un gobierno como el modo de gobernar, es decir, le preocupa sobre todo que gobierne republicana o despó-

19. Cfr. *El conflicto de las Facultades,* Ak. VII 85.
20. Cfr. *Reflexión 8044,* Ak. XIX 604.

ticamente y le importa menos que la representación de
su soberanía recaiga en uno solo (autocracia), en varios
(aristocracia) o en toda la sociedad civil (democracia). Es
más, él se decanta por un monarca ilustrado como Federico II, que se considere a sí mismo «el primer servidor
del Estado»[21] y gobierne con un espíritu representativo,
cumpliendo con el deber que Kant impone a todos los
monarcas, para los que es «un deber el gobernar *republi-
canamente* (no democráticamente), aunque manden *au-
tocráticamente,* es decir, supone un deber provisional
para los monarcas el tratar al pueblo según principios
que sean conformes a las leyes de la libertad (tal como
las que un pueblo se autoprescribiría en la madurez de
su razón), aun cuando no se le pida literalmente su consentimiento para ello»[22].

Para gobernar de un modo republicano y promulgar
este tipo de leyes, el soberano contaría con la ficción
heurística del pacto social que fundamenta toda sociedad civil. Esta idea regulativa de un contrato social originario tendría una indudable realidad práctica, «la de
obligar a todo legislador a que dicte sus leyes como si éstas *pudieran* haber emanado de la voluntad unida de
todo un pueblo [...]. Pues ahí se halla la piedra de toque
de la legitimidad de toda ley pública»[23]. Un soberano así
sabría, claro está, que no es un ser sobrehumano dotado
de inspiración celestial y, en orden a enmendar sus posibles errores legislativos, vería con agrado que todos los

21. Cfr. *Hacia la paz perpetua,* Ak. VIII 352.
22. Cfr. *El conflicto de las Facultades,* Ak. VII 91.
23. Cfr. *Teoría y práctica...,* Ak. VIII 297.

ciudadanos estuvieran facultados para dar «a conocer públicamente su opinión acerca de lo que le parezca injusto con la comunidad en las disposiciones del soberano». A juicio de Kant, «todo hombre tiene unos derechos inalienables a los que no podría renunciar aunque quisiera y sobre los cuales él mismo está perfectamente capacitado para juzgar». Por ello dictamina que *«la libertad de pluma* es el único paladín de los derechos del pueblo»[24] y el único camino que permite introducir las reformas necesarias para evitar una traumática revolución.

Esta «libertad de pluma» la tendría que poder ejercer cualquier ciudadano, pero es algo inexcusable para el filósofo, cuya tarea consistiría en ilustrar al pueblo, a la par que asesora con sus razonamientos al gobierno. «La *ilustración del pueblo* –escribe Kant en la segunda parte de *El conflicto de las Facultades*– consiste en la instrucción pública del mismo acerca de sus derechos y deberes con respecto al Estado al que pertenece. Como aquí sólo se trata de los derechos naturales y de los derivados del más elemental sentido común propio del entendimiento humano, los promulgadores e intérpretes naturales de tales derechos ante el pueblo no son los juristas designados institucionalmente por el Estado, sino los instructores del derecho que van por libre, o sea, los filósofos, quienes justamente por permitirse esa libertad resultan escandalosos para el Estado, que sólo quiere dominar siempre, y se ven desacreditados, bajo el nombre de *enciclopedistas* como gente peligrosa para el Estado, por

24. Cfr. *Op. cit.,* Ak. VIII 304.

más que su voz no se dirija *confidencialmente* al pueblo (el cual tiene escasa o nula noticia de ellos y de sus escritos), sino que se dirige *respetuosamente* al Estado, suplicándole a éste que tome en cuenta la exigencia jurídica de aquél; lo cual no puede tener lugar por otro camino salvo el de la publicidad»[25].

Antes, en la primera sección del mismo escrito, Kant ha subrayado el hecho de que «[la Facultad de Filosofía] no puede verse anclada con una interdicción del gobierno sin que éste actúe en contra de su auténtico propósito. [...] Sólo a los [...] eclesiásticos, jurisconsultos o médicos puede prohibírseles que, en el ejercicio de sus respectivas funciones, contradigan públicamente las doctrinas que les han sido confiadas por el gobierno y se arroguen el papel del filósofo. [...] Si los predicadores o los magistrados se dejaran llevar por el antojo de comunicar al pueblo sus reparos y dudas frente a la legislación eclesiástica o civil, le harían sublevarse con ello en contra del gobierno»[26]. Sólo la filosofía ha de ser «independiente de los mandatos del gobierno con respecto a sus doctrinas y tener la libertad, no de dar orden alguna, pero sí de juzgar todo cuanto tenga que ver con los intereses científicos, es decir, con la verdad, terreno en el que la razón debe tener el derecho de expresarse públicamente, ya que sin ello la verdad nunca llegaría a manifestarse (en perjuicio del propio gobierno)»[27].

25. Cfr. *El conflicto de las Facultades,* Ak. VII 89.
26. Cfr. *Op. cit.,* Ak. VII 28-29.
27. Cfr. *El conflicto de las Facultades,* Ak. VII 19-20.

4. La ingrata experiencia de Kant con la censura prusiana

Kant reclama con ardor esta libertad para el quehacer del filósofo, porque él mismo había sido víctima de la censura prusiana. En 1793 no pudo publicar en la *Berlinische Monatsschrift* lo que luego se convertiría en el segundo capítulo de *La religión dentro de los límites de la mera razón* (1793) y Kant se las ingenió para burlar a los censores berlineses obteniendo el plácet para imprimirlo en otro lugar ese mismo año. Entonces el sucesor de Federico el Grande, que había muerto en 1786, le mandó estas líneas que fueron redactadas por Wöllner, un clérigo que oficiaba como ministro de asuntos religiosos: «Nuestra alta persona ha venido observando con enorme desagrado desde hace ya algún tiempo cómo abusáis de vuestra filosofía para deformar y profanar algunos principios capitales de la Sagrada Escritura y del cristianismo, como lo habéis hecho en vuestro libro *La religión dentro de los límites de la mera razón*. [...] a vos mismo se os debe alcanzar cuán irresponsablemente habéis obrado con ello en contra de vuestro deber como maestro de la juventud y en contra de nuestras intenciones como soberano. [...] Exigimos vuestra pronta y concienzuda rectificación, y esperamos que [...] no volváis a cometer ninguna otra falta de este tipo, sino que, por el contrario, apliquéis vuestro ascendiente y vuestro talento a secundar nuestros propósitos; de no ser así, vuestra reticencia habrá de contar irremisiblemente con ingratas disposiciones»[28].

28. Cfr. *El conflicto de las Facultades*, Ak. VII 6.

En su respuesta Kant alega que las Facultades univer-
sitarias «sí son libres para juzgar públicamente en conciencia [...] según su leal saber y entender; únicamente
los maestros del pueblo situados en escuelas y púlpitos
quedan ligados al resultado de esa discusión sancionada
para su exposición pública por parte de la autoridad gubernamental, [lo que por otra parte no ha de ser sino el
resultado] del ajuste acometido por las Facultades cua-
lificadas para ello (la teológica y la filosófica); el soberano, no sólo debe aprobar ese debate, sino que tiene el
derecho a exigirles a poner en conocimiento del gobierno mediante sus escritos todo cuanto consideren provechoso para una religión pública nacional»[29]. Para Kant
no es lícito despojar a los filósofos del «deber de velar
porque, si bien no se diga públicamente *toda* la verdad,
sí sea verdad *todo* lo que se diga y sea establecido como
principio»[30].

A Kant le indignó enormemente que un clérigo cen-
surase sus escritos desde su poltrona ministerial y esta
indignación se refleja en el primer borrador del prólogo
a *La religión,* un texto que hubo de pulir hasta tres veces antes de hallar el tono adecuado para su publicación. En esa primera versión Kant se olvida por completo de hacer cualquier concesión a la diplomacia y
derrocha una enorme mordacidad, ironizando acerca
del deber que habría de observar todo buen ciudadano,
y en particular el filósofo, de no inmiscuirse para nada
en los derechos ostentados por una fe revelada, «máxi-

29. Cfr. *Op. cit.,* Ak. VII 8.
30. Cfr. *Op. cit.,* Ak. VII 32.

me cuando esa intromisión se halla bajo la custodia e incluso la interpretación de ciertos funcionarios que no tienen necesidad alguna de razonar, sino tan sólo de ordenar cómo debe juzgarse conforme a esa fe y profesarla públicamente. Este privilegiado colectivo también cuenta, sin embargo, con límites a su competencia, cual es la no intromisión en la actividad profesional del filósofo y pretender demostrar o impugnar sus dogmas mediante la filosofía; alguno de tales funcionarios debiera comprender que no es ésa su misión y desistir así de su impertinencia»[31].

Su indignación va subiendo de tono y hacia el final del mencionado borrador inédito afirma: «Si se sigue por ese camino y se confiere al clero, además del poder que le ha sido concedido para llevar a cabo su tarea, el privilegio de someter todo a su examen, reconociéndosele asimismo el derecho de juzgar si algo es o no asunto de su competencia por encima de la instancia de cualquier otro tribunal, todo está perdido para las ciencias y pronto retornaríamos a los tiempos de los escolásticos, cuando no cabía ninguna otra filosofía salvo la modelada de acuerdo con los principios aceptados por la Iglesia o, como en la época de Galileo, la única astronomía posible será la consentida por el teólogo bíblico de turno, que nada entiende de esa materia»[32]. Este incidente con la censura de su tiempo es lo que le hará escribir poco después *El conflicto de las Facultades,* donde la filosofía reclama del gobierno «limitarse a no estorbar el progreso

31. Cfr. Ak. XX 427-428.
32. Cfr. Ak. XX 431-432.

del conocimiento y las ciencias»[33], dado que la razón ha de tener el derecho a expresarse públicamente, al margen de cualquier interdicto gubernamental.

Al no poder publicar en la revista de Berlín su escrito sobre la religión, Kant lo sustituye por otro, cuyo título es *En torno al tópico: «tal vez eso sea correcto en teoría, pero no sirve para la práctica»,* aunque suela ser citado como *Teoría y práctica* (1793). En la segunda parte de dicho trabajo cabe leer lo siguiente: «En toda comunidad tiene que haber una *obediencia* sujeta al mecanismo de la constitución estatal, con arreglo a leyes coactivas (que conciernen a todos), pero a la vez tiene que haber un *espíritu de libertad,* pues en lo que atañe al deber universal de los hombres todos exigen ser persuadidos racionalmente de que tal coacción es legítima, a fin de no incurrir en contradicción consigo mismo. La obediencia sin este espíritu de libertad es la causa que da lugar a todas las *sociedades secretas*. Porque la intercomunicación es una vocación natural de la humanidad, principalmente en aquello que concierne al hombre en general; en consecuencia, esas sociedades serían eliminadas si esta libertad se propiciara. Y, además, ¿por qué otro medio podría el gobierno alcanzar los conocimientos que favorecen su propia intención esencial, si no es dejando que se exprese este espíritu de libertad, tan digno de respeto en su origen y en sus efectos?»[34].

Como puede apreciarse, Kant está recogiendo aquí la distinción entre uso privado y uso público de la razón

---

33. Cfr. *El conflicto de las Facultades,* Ak. VII 20 nota.
34. Cfr. *Teoría y práctica…,* Ak. VIII 305.

acuñada en *¿Qué es la Ilustración?*: «En algunos asuntos encaminados al interés de la comunidad se hace necesario un cierto automatismo, merced al cual ciertos miembros de la comunidad tienen que comportarse pasivamente para verse orientados por el gobierno hacia fines públicos mediante una unanimidad artificial o, cuando menos, para que no perturben la consecución de tales metas. Desde luego, aquí no cabe razonar, sino que uno ha de obedecer. Sin embargo, en cuanto esta parte de la maquinaria sea considerada como miembro de una comunidad global e incluso cosmopolita y, por lo tanto, se considere su condición de alguien instruido que se dirige sensatamente a un público mediante sus escritos, entonces resulta obvio que puede razonar sin afectar con ello a esos asuntos en donde se vea parcialmente concernido como miembro pasivo» (Ak. VIII 37). En realidad Kant está transfiriendo al ámbito político el mismo esquema con que su teoría moral ha solventado el espinoso problema de la libertad.

Recordemos cómo resuelve Kant en su *Crítica de la razón práctica* el problema de la libertad. Cualquiera de nosotros está inmerso, en cuanto fenómeno, en una inexorable cadena causal cuyos eslabones va trabando el transcurso temporal conforme al mecanicismo de la naturaleza, pero al mismo tiempo nos cabe considerarnos, en cuanto noúmenos, como seres libres cuya voluntad moral es capaz de forjar leyes autónomamente, al margen de cualquier determinación o condicionamiento causal[35]. De igual modo, considerado como una parte de

---

35. *Crítica de la razón práctica*, Ak. V 114.

la maquinaria del Estado, el ciudadano debe limitarse a obedecer los dictados del gobierno al desempeñar el encargo que se le ha encomendado, pero como miembro de una comunidad global o cosmopolita tiene todo el derecho a expresar pública y libremente sus opiniones para ir mejorando con ellas la legislación vigente.

Haciendo gala de semejante libertad, Kant denuncia en *¿Qué es la Ilustración?* algunas cosas que son sencillamente intolerables, como el decidir que una determinada confesión religiosa se autoproclame como la única fe verdadera e intente imponer para siempre a todos los ciudadanos ciertos dogmas de su credo. «Yo mantengo –nos dice Kant– que tal cosa es completamente imposible. Semejante contrato, que daría por cancelada para siempre cualquier ilustración ulterior del género humano, es absolutamente nulo e inválido; y seguiría siendo así, aun cuando quedase ratificado por el poder supremo, la dieta imperial y los más solemnes tratados de paz. Una época no puede aliarse y conjurarse para dejar a la siguiente en un estado en que no le haya de ser posible ampliar sus conocimientos, rectificar sus errores y en general seguir avanzando hacia la Ilustración. Tal cosa supondría un crimen contra la naturaleza humana, cuyo destino primordial consiste justamente en ese progresar; y la posteridad estaría por lo tanto perfectamente legitimada para recusar aquel acuerdo adoptado de un modo tan incompetente como ultrajante. La piedra de toque de todo cuanto puede acordarse como ley para un pueblo se cifra en esta pregunta: ¿acaso podría un pueblo imponerse a sí mismo semejante ley?» (Ak. VIII 39). Hay cosas que, a juicio de Kant, «vulneran y pisotean los sagrados derechos de la humanidad», como el estipular la persistencia de un credo que nadie pudiera poner en duda públicamente.

Ésta es una tesis que Kant no se cansará de repetir, como podemos comprobar si acudimos a *Teoría y práctica* o a *La metafísica de las costumbres*. «Lo que un pueblo no puede decidir sobre sí mismo, tampoco puede decidirlo el legislador sobre el pueblo», aducirá Kant en 1793[36] y en 1797[37], para poner en cuestión que ninguna ley pueda disponer la perdurabilidad indefinida de cierta constitución eclesiástica, como si unos determinados artículos de fe y una determinada liturgia pudieran valer para siempre. A juicio de Kant no sería lícito prohibir a la posteridad el enmendar posibles errores y por ello resulta claro que tal proceder atentaría contra el destino y los fines de la humanidad; «en consecuencia, una ley así dictada no se ha de considerar como la auténtica voluntad del monarca, por lo que cabe ponerle objeciones… enjuiciándola públicamente»[38].

«Lo que a un pueblo no le resulta lícito decidir sobre sí mismo, menos aún le cabe decidirlo a un monarca sobre el pueblo –leemos también en *¿Qué es la Ilustración?*–; porque su autoridad legislativa descansa precisamente en que reúne la voluntad íntegra del pueblo en la suya propia» (Ak. VIII 39-40). El soberano debe dejar que los ciudadanos hagan cuanto consideren oportuno para la salvación de su alma, pues esto es algo que no le incumbe

---

36. Cfr. *Teoría y práctica…*, Ak. VIII 304.
37. Cfr. *Metafísica de las costumbres,* Ak. VI 327.
38. Cfr. *Teoría y práctica…*, Ak. VIII 305.

de modo alguno; en cambio sí le compete impedir que unos perturben violentamente a otros al buscar su propia salvación o su propia felicidad, porque su misión es crear un marco jurídico de convivencia donde cada cual pueda «buscar su bienestar según le plazca, siempre y cuando ello sea compatible con la libertad ajena»[39], dado que la búsqueda de la felicidad es una tarea personal e intransferible. Kant se opone rotundamente a un gobierno paternalista que adoptara como principio de su legislación la benevolencia para con el pueblo y se comportara con los ciudadanos como un padre lo hace con sus hijos, dando en considerar a los ciudadanos como unos niños que, al ser menores de edad, son incapaces de distinguir lo que más les conviene y por eso se ven obligados a esperar que su jefe de Estado determine arbitrariamente cómo deban ser felices. Un gobierno así le parece a Kant «el mayor *despotismo* imaginable»[40], tal como señala en *Teoría y práctica*.

5. «El siglo de Federico»

Kant estaba convencido de no padecer ese despotismo. Cuando en *¿Qué es la Ilustración?* se pregunta si acaso se vivía entonces en una época ilustrada, responde a renglón seguido que ciertamente no, aunque sí se podría calificarla como una «época de ilustración», a la que también se podría llamar «el siglo de Federico»

39. Cfr. *Idea,* Ak. VIII 28.
40. Cfr. *En torno al tópico…*, Ak. VIII 291.

(Ak. VIII 40). Federico II de Prusia es descrito aquí por Kant como «un príncipe que no considera indigno de sí reconocer como un *deber* suyo el no prescribir a los hombres nada en cuestiones de religión, sino que les deja plena libertad para ello e incluso rehúsa el altivo nombre de *tolerancia*». Un príncipe así –sigue diciendo– «es un príncipe ilustrado y merece que el mundo y la posteridad se lo agradezcan, ensalzándolo por haber sido el primero en haber librado al género humano de la minoría de edad, cuando menos por parte del gobierno, dejando libre a cada cual para servirse de su propia razón en todo cuanto tiene que ver con la conciencia» (Ak. VIII 41).

Federico el Grande no sólo se habría mostrado muy liberal en materia de religión, sino que tampoco se habría mostrado reticente a favorecer una libre opinión en cuestiones políticas, al darse cuenta de que, «incluso con respecto a su *legislación,* tampoco entraña peligro alguno el consentir a sus súbditos que hagan un uso *público* de su propia razón y expongan públicamente al mundo sus pensamientos sobre una mejor concepción de dicha legislación, aun cuando critiquen con toda franqueza la que ya ha sido promulgada». Según el Kant de 1784, Federico II sería todo un pionero en este campo, porque ningún monarca le habría precedido en ese proceder. Se trataría de un príncipe ilustrado que «no teme a las sombras», al disponer de «un cuantioso y bien disciplinado ejército para garantizar la tranquilidad pública de los ciudadanos». Cuando leyó estas líneas, la cáustica pluma de Hamann les dedicó este comentario: «¿Con qué conciencia puede reprochar un charlatán o especulador, apoltronado detrás de la estufa y con el gorro de dormir calado hasta los ojos, la cobardía del menor de edad, si su ciego tutor tiene como fiador de su infalibilidad y ortodoxia un ejército incontable y bien disciplinado?»[41].

Desde luego, como ya hemos visto Federico Guillermo II, el sucesor de Federico el Grande, sólo consiguió que Kant se reafirmara en estas opiniones y echara de menos a ese monarca ilustrado, que accedió al trono en 1740, justo el mismo año en que Kant se matriculó en la Universidad Albertina de Königsberg. El padre de Federico II, Federico Guillermo I, se había ganado el apodo de «Rey Sargento», porque los únicos gastos en que no reparaba era el dinero destinado a sus regimientos y, por añadidura, cifraba su mayor orgullo en reclutar para sus tropas a soldados de una elevada estatura. Una de sus mayores hazañas intelectuales fue desterrar al filósofo que había popularizado el pensamiento leibniziano, Christian Wolff, por entender que sus teorías en torno al libre albedrío podrían llegar a favorecer la deserción entre sus huestes. A pesar de haberlo intentado, el «Rey Sargento» no logró erradicar las inclinaciones literarias y la sensibilidad artística mostradas por el heredero de la corona.

Federico era un monarca bastante atípico. Le gustaba escribir versos y componer una música que luego interpretaba él mismo con su célebre flauta. En la correspondencia mantenida con su admirado Voltaire aseguraba haber preferido ser un simple filósofo en lugar de rey. De hecho, publicaba sus obras como las del «Filósofo de Sans-Souci», el palacio que se había hecho construir

41. Cfr. ¿Qué es Ilustración?, Tecnos, Madrid, 1993, pp. 33-34.

en Postdam para huir de la corte berlinesa. Y, antes de acceder al trono, redactó una obra titulada *Antimaquiavelo,* donde se propuso refutar capítulo por capítulo las tesis del *Príncipe* de Maquiavelo. Esta obra fue concebida como una especie de catecismo ético para gobernantes, pero jamás la hubiera publicado una vez que se unció la corona, si no hubiera sido por el empeño de Voltaire, quien por otra parte la rescribió hasta convertirla en una obra conjunta. Muchos pensadores europeos creyeron que Federico podía encarnar al Filósofo Rey soñado por Platón, pero Federico prefirió tomar como su modelo más bien a Marco Aurelio e intentó establecer su propia *pax romana* poniéndose a la cabeza de su ejército para conquistar los territorios vecinos. «Pronto se vio –nos dice Voltaire–, que Federico II, rey de Prusia, no era tan enemigo de Maquiavelo, como el príncipe heredero había parecido serlo.» Y Rousseau le dedicó este díptico: «Su gloria y su provecho, he ahí su Dios y su ley. Pues piensa como filósofo y se comporta como Rey».

Es verdad que Federico, tal como le dice a D'Alembert en 1770, decía cosas como éstas: «Yo creo que es bueno ilustrar a los hombres. Combatir el fanatismo es desarmar al monstruo más cruel y sanguinario»[42]. Pero también que veía ciertas dificultades para realizar esa tarea y librar a los hombres de la superstición asentada en absurdas fábulas religiosas. En otra de sus cartas cruza-

---

42. Carta del 3-4-1770; cit. en *¿Es conveniente engañar al pueblo?* (ed. de Javier de Lucas), Centro de Estudios Constitucionales, Madrid, 1991, p. 19.

das con D'Alembert escribe lo siguiente: «La condición humana y el trabajo diario suponen un serio impedimento para ilustrar a los hombres y hacer que superen los prejuicios de la educación. Tomemos cualquier monarquía y descontemos primero a los labradores, trabajadores manuales, artesanos y soldados; nos quedarán unas cincuenta mil personas entre hombres y mujeres; de ellas, descontemos la mitad; el resto lo compondrá la nobleza y la buena burguesía; de ellos, examinemos cuántos espíritus no cultivados habrá, cuántos imbéciles, cuántas almas pusilánimes, cuántos libertinos, y de ese cálculo resultará aproximadamente que, de lo que se llama una nación civilizada, apenas encontraréis mil personas doctas, y aún entre ellas, ¡qué diferencia de ingenio! Suponed, pues, que fuera posible que estos mil filósofos tuvieran todos ellos idéntico sentimiento y estuvieran también tan desprovistos de prejuicios los unos como los otros; ¿qué efectos producirían en el público sus lecciones? Si ocho décimas partes de la nación, ocupadas en conseguir vivir, no leen nada; si otra décima no se aplica a ello por frivolidad, por libertinaje o por ineptitud, se deduce de todo ello que el buen sentido del que es capaz nuestra especie no puede residir más que en la menor parte de una nación y que el resto no es susceptible de ello. Por tanto, estas consideraciones me llevan a creer que la credulidad, la superstición y el temor timorato de las almas débiles, se impondrán siempre en la balanza del público, que el número de los filósofos será pequeño y que siempre una superstición cualquiera dominará el universo; es un gasto estéril intentar ilustrar y, frecuentemente, esa empresa es peligrosa para quienes se encargan de ella. Hay que contentarse con ser sabio para uno mismo, si se puede serlo, y abandonar al vulgo a su error, tratando de apartarlo de los crímenes que alteran el orden de la sociedad»[43].

En 1777 Federico sugiere a Fornay, el secretario perpetuo de la Academia berlinesa, que promueva un concurso (algo muy en boga por la época, como testimonian los dos célebres discursos de Rousseau) para fomentar ensayos en torno al tema *¿Puede ser útil engañar al pueblo?* Un año después, en 1778, la Real Academia de Ciencias y Letras de Berlín convoca un concurso para responder a esta pregunta: «¿Puede ser útil para el pueblo algún tipo de engaño, ya sea que consista en inducir a nuevos errores o bien en mantenerlo en los antiguos?». No habrá sólo un premio, sino dos. Cuando en 1780 se falla el doble premio, recayendo sobre Rudolf Zacharias Becker y Frédéric de Castillon, todo el mundo sabe que se ha querido contentar a Federico y que por eso se ha premiado también al segundo, a pesar de haber gustado más el primero. Éste había respondido negativamente, pero el otro había desgranado argumentos para mostrar cuán útil puede resultar engañar al pueblo. He aquí cómo era ese monarca ilustrado en el que Kant depositó tantas esperanzas para ilustrar al pueblo y hacer valer sus derechos con arreglo a la dignidad propia de todo hombre.

---

43. Cfr. Carta de Federico II a D'Alembert del 8-1-1770, cit. en *¿Es conveniente engañar al pueblo?*, pp. 16-17.

II. El significado kantiano de una «historia filosófica»

> El continuo progreso del género humano hacia lo mejor es *posible,* porque supone un deber para él mismo actuar sobre la interminable serie de todas las generaciones en orden a transformar globalmente las relaciones interestatales. (Borrador de la segunda parte de *El conflicto de las Facultades,* Ak. XIII 458).

Desde luego, Kant nunca elaboró nada parecido a una *Crítica de la razón histórica.* Muy al contrario, sus escritos en torno a la filosofía de la historia[44] fueron ocasionales, breves y poco numerosos. Estrictamente, sólo tres de sus opúsculos merecen ser encuadrados con todo rigor bajo ese rótulo, a saber, la *Idea para una historia universal en clave cosmopolita* (1784), y otros dos en donde se aplican de alguna manera los principios allí enunciados realizando, respectivamente, un «viaje de placer» hacia el más remoto pasado, cuyo título es *Probable inicio de la historia humana* (1786), y una incursión prospectiva sobre lo que nos pueda deparar el porvenir, es decir, su *Replanteamiento de la pregunta sobre si el género humano se halla en continuo progreso hacia lo mejor*[45] (1798). A este corto listado hay que añadir la polémica sostenida con Herder en sus recensiones

---

44. Kant ni siquiera gusta de utilizar esta expresión, prefiriendo emplear la de «historia filosófica».
45. Publicado en *El conflicto de las Facultades*, Alianza Editorial, Madrid, 2003, pp. 151 y ss.

a una obra de este antiguo discípulo, las *Ideas para una filosofía de la historia de la humanidad*[46] (1785), así como la tercera sección de *Teoría y práctica* (1793). De no estar publicado en otro volumen de la misma colección, podría haberse incluido también *Hacia la paz perpetua* (1795).

Si alguien se mostrara insatisfecho y echara en falta, por ejemplo, *El fin de todas las cosas* (1794), debo advertir de que no se trata de un olvido, sino de una omisión intencionada. A mi modo de ver, esta sugerente meditación sobre una escatología de sesgo cristiano, pese a lindar con nuestra temática, pertenece más bien al ámbito de la filosofía de la religión. Por supuesto que no es nada sencillo establecer este tipo de demarcaciones, siendo como es la filosofía kantiana de la historia una encrucijada de su pensamiento moral y político, en la que se dan cita la ética, el derecho y una singular teodicea, por no mentar las claves antropológicas que presupone; claro que resulta enormemente difícil pretender aquilatar en este terreno interdisciplinar el contenido de un escrito determinado con el fin de encasillarlo de modo taxativo dentro de una u otra materia, pero no hay más remedio que intentarlo en un caso como éste. Por otra parte, también he descartado el recoger opúsculos como la *Definición del concepto de una raza humana* (1786) o *Sobre el empleo de principios teleológicos en la filosofía* (1788), al creer que tienen un interés bastante secundario en orden a familiarizarse con el planteamiento de Kant sobre filo-

---

46. Kant reseñó las dos primeras partes de la obra de Herder, además de contestar a una dura réplica de Reinhold contra su primera reseña.

sofía de la historia. A tal efecto, resultan muchísimo más importantes diversos parágrafos de la *Crítica del discernimiento*[47] (1790) y ciertos epígrafes de la *Antropología en sentido pragmático*[48] (1798), así como casi toda la primera parte de la *Religión dentro de los límites de la mera razón* (1793). Philonenko llega incluso a recomendar la lectura de la *Geografía física* para mejor entender la reflexión kantiana sobre la historia[49].

Lo cierto es que los escritos de Kant sobre filosofía de la historia no pueden ser considerados como una especie de paréntesis dentro del sistema crítico, a modo de un mero divertimento intempestivo. Aunque su gracejo e ironía nos recuerden mucho más el estilo desenfadado de algunas obras precríticas, como las *Observaciones sobre el sentimiento de lo bello y de lo sublime* (1764) o los *Sueños de un visionario esclarecidos por los sueños de la metafísica* (1766), que el árido y escolástico método expositivo de la primera *Crítica,* no es posible soslayar el hecho de que la *Idea para una historia universal en clave cosmopolita* vea la luz a finales de 1784, es decir, justo entremedias de las dos primeras *Críticas.* Es más, este pequeño y enjundioso ensayo anticipa de alguna manera la

---

47. En concreto los parágrafos 82, 83 y 84.
48. Cfr. especialmente Ak.VII 185-189 y 321-333.
49. A. Philonenko, *La théorie kantienne de l'histoire*, J. Vrin, París, 1986, p. 12. Según este autor suele olvidarse que la geografía representa en época de Kant el fundamento del relato histórico, con lo cual la historia no sería para él una materia tan ajena y desconocida como se cree habitualmente; cfr. asimismo, K. Vorländer, *Immanuel Kant. Der Mann und das Werk*, F. Meiner, Leipzig, 1924, vol. I, pp. 311 ss., y L. W. Beck, Estudio preliminar a su edición de I. Kant, *On History*, The Bobbs-Merrill Co., Indianápolis/Nueva York, 1973, p. vii.

problemática que aborda la segunda parte de la *Crítica del discernimiento*. Allí se sostendrá que «Cuando queremos examinar a la naturaleza mediante una observación reiterada, al menos en lo tocante a sus productos organizados, nos resulta absolutamente indispensable ponerle debajo el concepto de un propósito»[50]. Seis años antes el mismo hilo conductor ha sido aplicado al estudio de la historia realizado desde una perspectiva filosófica. El plan oculto de la naturaleza cumple idénticas funciones a las que serán asignadas más tarde al juicio reflexionante; supone una fértil hipótesis de trabajo para el filósofo de la historia[51], se trata de un concepto heurístico que nos permite creer en el progreso de la especie humana e interpretar el decurso histórico como si hubiera sido escrito en una clave cosmopolita, esto es, persiguiendo el designio de un feliz desenlace para la trama de las relaciones interestatales. «Desde el punto de vista de Kant —escribe Collingwood— era tan legítimo hablar de un plan de la naturaleza revelado en los fenómenos estudiados por el historiador, como hablar de leyes de la naturaleza en los fenómenos estudiados por el hombre de ciencia. Lo que las leyes de la naturaleza son para el hombre de ciencia, son los planes de la naturaleza para el historiador. Cuando el hombre de ciencia se describe a sí mismo como descubriendo leyes de la naturaleza, no quiere decir que haya un legislador llamado naturaleza; lo que quiere decir es que los fenómenos muestran una regula-

---

50. *Crítica del discernimiento,* Ak. V 398.
51. Cfr. Roberto R. Aramayo, *Crítica de la razón ucrónica,* Tecnos, Madrid, 1992, cap. 5.

ridad y un orden que no sólo puede sino que debe ser descrito mediante alguna metáfora de este tipo. De manera semejante, cuando el historiador habla de un plan de la naturaleza que se desarrolla en la historia, no quiere decir que existe una mente real llamada naturaleza que elabore conscientemente un plan que ha de cumplirse en la historia, quiere decir que la historia procede como si existiera tal mente»[52].

Enmarcando un poco más el texto de la *Idea para una historia universal en clave cosmopolita* señalaré algo que, si bien fue subrayado en su momento por P. Menzer, pasa inadvertido en muchas ocasiones, dando lugar a más de una gruesa tergiversación. Me refiero al hecho de que este opúsculo, pese a que sus respectivos pies de imprenta den a entender lo contrario, haya podido ser redactado después de ultimarse la *Fundamentación para una metafísica de las costumbres* (1785) o de que, cuando menos, ambas obras fueran escritas simultáneamente[53]. Esto significa que, en contra de lo que suele creer-

52. R. G. Collingwood, *Idea de la historia* (trad. de E. O'Gorman y J. Hernández Campos), FCE., México/Buenos Aires, 1965 –2.ª ed. cast.–, p. 101.
53. Cfr. P. Menzer, *Kants Lehre von der Entwicklung in Natur und Geschichte,* Berlín, 1911, p. 425 n., así como su nota a la edición de la *Fundamentación* en Ak. IV 623 y ss. El original de la *Fundamentación* recibía los últimos retoques por parte del amanuense de Kant en agosto de 1784, mientras que la *Idea* fue publicada en noviembre de ese mismo año. Por otra parte, el propio Kant asegura que la redacción de este ensayo fue motivada por una nota aparecida en los *Gothaische Gelehrte Zeitungen* (cfr. nota 1 de nuestra traducción), y esto sucedía en el mes de febrero. Si a ello añadimos la circunstancia de que Biester debió apresurarse a publicar la primera colaboración de Kant con su revista, resulta bastante probable que la *Idea* fuera

se, ya estaban trazadas las líneas maestras del formalismo ético cuando Kant elabora su ensayo y ello viene a refrendar la raigambre ética que algunos –entre los que me cuento[54]– aprecian en este escrito, suscribiendo así la tesis de H. W. Walsh respecto a que «con Kant la filosofía de la historia fue un apéndice de la filosofía moral; en realidad –prosigue–, no es mucho insinuar que no habrá tratado en absoluto la historia si no fuera por las cuestiones morales que parecía plantear»[55]. En esa misma línea se inscribe esta lúcida exposición de E. Weil: «Al igual que la naturaleza no se vuelve *comprensible* sin el auxilio de la finalidad, la existencia de la humanidad no cobra sentido sin la referencia de su fin natural, y todas sus dudas relativas al valor empírico de la humanidad, en tanto que nunca se transformarán en una certidumbre científica, no autorizan al individuo a negar la realidad, moralmente necesaria, de un progreso, no sólo material e intelectual (pues tal progreso es observable), sino moral; sin esta convicción, el ser finito, cayendo en la desesperación, cesaría de trabajar en pro del reino de los fines. La fe en un sentido de la historia, en el progre-

escrita, no ya al mismo tiempo que la *Fundamentación,* sino una vez terminado el borrador definitivo de esta obra, tal y como sugiere Menzer.

54. Cfr. Roberto R. Aramayo, *Crítica de la razón ucrónica,* cap. 4, donde se defiende que la filosofía de la historia se inserta para Kant dentro de un planteamiento específicamente moral, refutando las objeciones que distintos comentaristas han formulado en contra de dicha tesis.

55. W. H. Walsh, *Introducción a la Filosofía de la Historia* (trad. de F. M. Torner), Siglo XXI, México, 1978, –8.ª ed. en cast.–, p. 146.

so moral, es un deber»[56]. «La moral, pues, conduce a la filosofía de la historia»[57].

Otro dato de interés es el apuntado por V. Delbos, para quien los puntos de vista defendidos por Kant en la *Idea para un historia universal en clave cosmopolita* habrían sido tratados previamente en sus cursos de antropología[58]. Desde luego, esta opinión se ve avalada por una larga serie de las *Reflexiones sobre antropología* fechadas en la década de los setenta[59]. No cabe duda de que una lectura atenta de estas *Reflexiones* encontrará pergeñados en ellas muchos de los problemas abordados en el ensayo de 1784[60]. Como una muestra de ello, transcribiremos lo que bien pudiera denominarse las tesis programáticas de *«un sistema cosmopolita de la historia universal»*[61], a saber: «La historia de los Estados ha de escribirse poniendo de relieve el provecho que sus respectivos gobiernos hayan proporcionado al mundo»[62];

56. E. Weil, «Kant et le problème de la politique», *Annales de philosophie politique*, 4 (1962), pp. 6-7. Este mismo trabajo ha sido publicado con el título de «Histoire et politique», constituyendo el tercer capítulo de *Problèmes Kantiens*, J. Vrin, París, 1970.
57. *Ibíd.*, p 8.
58. Cfr. V. Delbos, *La philosophie pratique de Kant*, P.U.F., París, 1969, p. 220.
59. Philonenko ha insistido también en este punto, llegando a sostener que las directrices de la *Idea para una historia universal en clave cosmopolita* están contenidas en la Refl. 1423 (cfr. *op. cit.*, p. 81).
60. Resulta curioso cotejar los distintos desarrollos de un mismo aserto. Cfr., por ejemplo, el de «El hombre es una criatura que necesita un señor» en las Refls. 1398 (Ak. XV 609-610) y 1500 (Ak. 785-786).
61. Cfr. Refl. 1442 (Ak. XV 630).
62. Cfr. Refl. 1438 (Ak. XV 628). Nos parece muy significativo que el texto prosiga así: «Las revoluciones de Suiza, Holanda e Inglaterra son lo más importante en los últimos tiempos». No en vano la Revolu-

«la historia debe contener dentro de sí el plan para la mejora del mundo»[63].

En este orden de cosas, llama poderosamente la atención la estricta correspondencia que se da entre las últimas palabras de la *Idea para una historia universal en clave cosmopolita* y el final de las *Lecciones de antropología* editadas por Starke. «Para estimular la ambición de los príncipes –leemos allí– en orden a fomentar metas tan sublimes y a trabajar en pro del bienestar de todo el género humano, sería de gran utilidad una historia que fuera escrita desde un punto de vista cosmopolita. Semejante historia habría de adoptar como único criterio el de un mundo mejor y hacer dignas del recuerdo de la posteridad sólo aquellas acciones que conciernen a la prosperidad de todo el género humano»[64]. Tal es el sentido

---

ción francesa será considerada por el Kant de 1797 como un síntoma inequívoco del progreso moral de la humanidad.

63. *Ibíd.* Esta Reflexión pertenece a la fase «sigma», por lo que puede ser fechada entre 1771 y 1777.

64. I. Kant, *Menschenkunde oder philosophische Anthropologie* (Nach hadschriftliche Vorlesungen, hrsg. von Fr. Ch. Starke), Leipzig, 1831, p. 374. Pretender datar este manuscrito es adentrarse en un terreno bastante proceloso. Las fechas apuntadas por los expertos oscilan nada menos que entre 1773 y 1788 (cfr. G. Tonelli, «Bibliografia degli appunti dei corsi universitari tenuti da Kant, sinora pubblicati e della Letteratura pertinente», *Giornale Critico della Filosofia Italiana,* 1959, p. 494). P. Menzer rebate los argumentos de B. Erdmann en pro de la fecha más temprana y, basándose en sendas referencias del texto a Lessing Buffon, establece como márgenes fiables los semestres de 1779/1780 y 1787/1788 (cfr. «Der Entwichklungsgang der Kantischen Ethik in den Jahren 1760-1785», *Kant-Studien,* 3, 1899, pp. 66 y ss.). F. Medicus, por su parte, sugiere que debe ser coetáneo a la *Idea para una historia universal en clave cosmopolita,* explicando la coincidencia de ambos textos en el hecho de que nos hallamos (refiriéndose justamente al pasaje que acabamos de citar) ante un comentario del

de una historia universal en clave cosmopolita: encauzar la ambición de los gobernantes para que su afán de gloria inmortal persiga el bien común. Así es como la historia entraña un plan para mejorar el mundo –según reza el principio recién recabado en las *Reflexiones*–, convirtiéndose en una espada de Damocles que amenaza a los políticos con registrar para siempre sus aciertos o sus desmanes. Ése es el *pequeño* motivo que animó a Kant a promover la elaboración de una «historia filosófica» y, por ende, a esbozar una filosofía de la historia: intentar que los poderosos busquen el beneficio de la colectividad, aunque lo hagan tan sólo por mor de su egoísta megalomanía.

Pero no es ésta la única ocasión en que un pasaje de la *Idea para una historia universal en clave cosmopolita* guarda una estrecha relación con el de alguna de sus *Lecciones*. Sin ir más lejos, la célebre metáfora de los árboles que crecen erguidos en un bosque merced al antagonismo, en tanto que la figura del árbol solitario dista mucho de ser esbelta, aparece también en las *Lecciones de ética,* si bien el contexto no es del todo idéntico. Veámoslo: «Si un niño hace en su casa cuanto le viene en gana, se convertirá en un ser despótico, y al topar luego en la socie-

escrito de 1784 (cfr. «Kants Philosophie der Geschichte», *Kant-Studien*, 7, 1902, p. 5 n.). Sin embargo, yo albergo la impresión contraria. A mi modo de ver, el carácter aforístico que tienen las últimas palabras de la *Idea* responde más bien a un sobrentendido; al escribirlas, Kant habría tenido en mente una observación muchas veces reiterada a lo largo de sus cursos, a saber, la conclusión de su *Menschenkunde,* la cual estaría contenida tácitamente en ese abrupto final. Ésta sería la razón por la que su lectura nos aclara el sentido del sucinto colofón de la *Idea.*

dad con una resistencia generalizada, a la que no está ni mucho menos acostumbrado, no le será útil a esa sociedad. Los árboles se disciplinan mutuamente en el bosque al buscar el aire que les es necesario para su crecimiento, no junto a los otros, sino por encima de sí, allí donde no encuentran obstáculo alguno, creciendo de ese modo derechos hacia lo alto; por el contrario, un árbol en pleno campo, donde no se ve limitado por ningún otro, crece enteramente atrofiado y luego es demasiado tarde para disciplinarlo. Otro tanto ocurre con el hombre. Si se le disciplina pronto, crecerá derecho con los otros; de no hacerlo a tiempo, será un árbol achaparrado»[65]. Esta misma imagen es utilizada de nuevo en las *Lecciones de pedagogía.* Sólo que ahora el protagonista del símil no es el hombre, ni tampoco la humanidad, sino ¡sus dirigentes! «¿De dónde debe provenir –se cuestiona aquí– la mejora del mundo? ¿De los príncipes o de los súbditos? ¿Acaso deben éstos mejorarse primero a sí mismos y salir así al encuentro de un buen gobierno? En todo caso, si esa mejora ha de ser acometida por los príncipes, habrá de comenzarse por mejorar su educación, ya que durante mucho tiempo se ha cometido el grave error de no contrariarles en su juventud. Mas un árbol solitario en medio del campo crece torcido y extiende desmesuradamente sus ramas; por el contrario, un árbol que se alza en medio del bosque crece derecho, buscando el aire y el sol por encima de sí a causa de la resistencia que le oponen los árboles colindantes. Esto

65. Cfr. *Lecciones de ética* (edición de Roberto R. Aramayo y Concha Roldán), Crítica, Barcelona, 1988, p. 299: Ak. XXVII 1, 468.

mismo es lo que ocurre con los príncipes. Siempre será mejor que sean educados por alguno de entre sus súbditos que por uno de sus iguales: sólo podemos esperar que el bien venga de arriba cuando su educación sea la idónea»[66].

Ahora bien, pese al cambio de protagonismo, los tres casos en que Kant se sirve de esta hermosa metáfora tienen un mismo telón de fondo: la educación, esto es, «el mayor y más arduo problema que se le puede plantear al hombre»[67]. «La educación –leemos en la *Pedagogía*– es un arte cuya práctica ha de ser perfeccionada a través de muchas generaciones. Cada generación, provista de los conocimientos de las anteriores[68], puede ir reciclando

66. *Pedagogía,* Ak. IX 448. Los cursos de pedagogía eran impartidos cíclicamente por todos los profesores de la Facultad, correspondiéndole a Kant los semestres de invierno de 1776/1777, 1783/1784 y 1786/1787, además del semestre de verano de 1780. Precisamente en esta fecha fue impuesto como manual preceptivo el de un tal D. Bock, obra por la que Kant parece no haber experimentado fervor alguno. Por ello, se presume (cfr. G. Lehmann, «Kants Entwicklung im Spiegel der Vorlesungen», en *Kants Tugenden,* Walter de Gruyter, Berlín, 1980, p. 146) que Kant debió servirse siempre de sus acotaciones al método utilizado la primera vez, el de Johann Bernhard Basedow, dada la gran admiración profesada por Kant hacia este adepto de las teorías de Rousseau que fundara el Instituto Filantrópico de Dessau. Sobre las peculiaridades que conviene adoptar frente a él, resulta recomendable consultar el trabajo de L.W. Beck, «Kant on Education», *Essays on Kant and Hume,* Yale University Press, New Haven-Londres, 1978, pp. 193 y ss.
67. *Pedagogía,* Ak. IX 446. «El hombre tiene, pues, que ser *educado* para el bien; pero quien debe educarle es, a su vez, un hombre, el cual debe llevar a cabo en otros aquello que él mismo precisa para sí» (cfr. *Antropología,* Ak. VII 325).
68. «Cuando el sabio ha avanzado en la cultura lo suficiente como para enriquecerla con su aportación, es arrebatado por la muerte, y ocupa su lugar el aprendiz de las primeras letras, quien, poco antes del

constantemente una educación que desarrolle de modo proporcional todas las disposiciones naturales del hombre con arreglo a un fin y conduce así al conjunto de la especie humana hacia su destino»[69]. «Cuando la especie humana haya alcanzado su pleno destino y su perfección más alta posible, se constituirá el reino de Dios sobre la tierra, imperando entonces la justicia y la equidad en virtud de una conciencia interna, y no por mor de autoridad pública alguna. Ésta es la suprema perfección moral que puede alcanzar el género humano, el fin último al que está destinado, si bien sólo cabe esperarlo tras el transcurso de muchos siglos»[70]. Con estas palabras cerraba Kant el 19 de abril de 1785 su curso sobre filosofía moral. Ya el autor de ¿*Qué es la Ilustración?* había diagnosticado que la suya no era un época *ilustrada,* sino de *ilustración.* «Vivimos en una tiempo de disciplina, cultura y civilización, iniciándose ahora el período de moralización»[71]. «Los hombres –sentencia una *Reflexión* de 1783-1784– se hallan en el estado intermedio del pro-

término de su vida, y ceder de nuevo su puesto a otro dará un paso más en ese avance. ¿Qué masa de conocimientos, qué descubrimientos de nuevos métodos no se habrán acumulado ya, si un Arquímedes, un Newton o un Lavoisier, con su aplicación y su talento, hubieran sido favorecidos por la Naturaleza con una vejez que durase siglos sin detrimento de sus fuerzas?» (*Antropología*, Ak. VII 325-326; cfr. este pasaje con Ak. VIII 117 n.).

69. *Pedagogía,* Ak. IX 446.

70. *Lecciones de ética,* pp. 302-303, Ak. XXVII 1 471.

71. *Pedagogía,* Ak. IX 451. En la Refl. 1408 –hacia 1775-1777– aparece ya esta graduación; mientras del hombre civilizado se consignan estas notas: «apariencia ética, modales, urbanidad», del moralizado se dice lo siguiente: «modo de pensar y carácter éticos. Educación» (cfr. Ak. XV 780).

greso hacia la moralidad, es decir, están cultivados y civilizados, pero no moralizados»[72]. En efecto, Kant está persuadido de que la humanidad se encuentra más o menos hacia la mitad del camino de su formación y piensa que, para remontar esta última etapa, debe crearse una confederación de pueblos en orden a regular las relaciones interestatales, tal y como propusiera el abate de Saint Pierre[73]. De este modo los Estados podrían dejar de malgastar buena parte de sus recursos en la costosa maquinaria bélica y destinar algo más de dinero a la educación[74]. Pero sólo se conseguirá ese objetivo si los príncipes logran corregir su miopía patriótica y amplían sus miras a una perspectiva cosmopolita[75], algo respecto a lo cual las instituciones educativas creadas por Basedow proporcionan «una pequeña y cálida esperanza»[76].

Hemos querido sacar a colación la figura de Basedow, porque pensamos que aportó un ingrediente fundamental al planteamiento kantiano. Desde un primer momento, Kant se mostró apasionado por el proyecto pedagógico del Instituto Filantrópico de Dessau, hasta el punto

---

72. Ref. 1460 (Ak. XV 641).
73. «Si se realizase la propuesta de un abate de Saint Pierre respecto a la creación de un Senado universal de los pueblos, ello supondría un notable avance del género humano hacia la perfección» (*Lecciones de ética,* p. 302; Ak. XXVII 1 471).
74. «... al Estado no le queda dinero suficiente para pagar un sueldo digno que permita a los maestros competentes consagrarse con gusto a su tarea, tal y como lamenta Büsching, dado que necesita destinar todos sus recursos a la guerra» (Ak. VII 93).
75. «El punto de vista desde el que los príncipes deben considerar a los Estados, no ha de ser meramente patriótico, sino también cosmopolita» (*Menschenkunde,* p. 373).
76. Cfr. *Lecciones de ética,* p. 302, Ak. XXVII 1, 471.

de recabar personalmente fondos para dicha institución y convencer a un buen amigo de que su hijo debía estudiar allí[77]. Bien mirado, la reacción de Kant no podía ser otra, tratándose de una iniciativa que pretendía poner en práctica las teorías pedagógicas de Rousseau. El caso es que Kant no escatimó elogios hacia esta empresa, llegando a escribir lo siguiente: «A toda comunidad, tanto como a cualquier particular que se sienta cosmopolita, les interesará sobremanera conocer una institución gracias a la cual emerge una ordenación radicalmente nueva de los asuntos humanos (sobre la misma puede uno informarse en la obra de Basedow: *Lecturas para cosmopolitas*[78]) y que, si se extiende con rapidez, ha de producir, tanto en la vida privada como en la esfera social, una reforma tan grave y de miras tan amplias, que no es fácil imaginar a primera vista»[79]. Kant parece haberse entusiasmado con esta obra de Basedow, cuyo eco resuena en la *Pedagogía:* «Los padres cuidan de la casa, los príncipes del Estado. Ni unos ni otros se marcan la meta de un

77. Cfr. la introducción a las «Lettres relatives au Philanthropin», en J. L. Bruch (ed.), *Lettres de Kant sur morale et religion,* Aubier-Montaigne, París, 1969, pp. 37-41. Esta selección de su correspondencia –publicada en una esmerada edición bilingüe y bien anotada– puede ser útil para comprobar el fuerte impacto que produjo en Kant esa empresa pedagógica.

78. El título exacto de dicha obra es: «Para cosmopolitas, algo que leer, meditar y llevar a cabo. Con ocasión de la apertura de un Instituto *Filantrópico* en Dessau, un seminario pedagógico cuya nueva metodología ya debía ser vieja. Una propuesta a los padres, a los estudiantes, a los mecenas del ingenio educativo y a los políticos cuyos *monarcas* se ocupan de algo más que de las finanzas y de la milicia», Leipzig, 1775 (cfr. Ak. II 524).

79. *Disertación sobre el Filantrópico,* Ak. II 447-448.

mundo mejor, el objetivo de esa perfección a la que está
destinada la humanidad y para la cual posee disposiciones. Sin embargo, los planes de una educación deben
trazarse cosmopolitamente»[80]. «Tras la educación se
oculta el gran secreto de la perfección de la naturaleza
humana»[81] y Basedow ha dado con una de sus claves: el
cosmopolitismo. No es extraño, pues, que Kant asocie
el nombre de Basedow con los del abate de Saint Pierre
y Rousseau, caracterizando a los tres como soñadores
cuyas fantasías, lejos de ser quiméricas, arrastran consigo
a la razón y suscitan el mayor entusiasmo[82].

Ciertamente, Kant se entusiasmó con los ideales edu-
cativos que Basedow pretendía poner en práctica. No

80. *Pedagogía,* Ak. IX 448.
81. *Pedagogía,* Ak. IX 444. «Hay muchos gérmenes en la humanidad
y es tarea nuestra el desplegar proporcionalmente las disposiciones
naturales, de manera que el hombre alcance su destino; si bien no son
los individuos, sino la especie quien debe alcanzarlo» (cfr. *ibíd.*, 445).
«El género humano debe sacar de sí mismo, por su propio esfuerzo,
todas las disposiciones naturales de la humanidad. Una generación
educa a la otra» (*ibíd.*, 441). «Es probable que la educación vaya me-
jorándose constantemente y que cada generación dé un paso más hacia la perfección de la humanidad» (*ibíd.*, 444).
82. Cfr. Refl. 1485 (Ak. XV 705-706). «Una idea no es otra cosa que
el concepto de una perfección que todavía no se halla en la experiencia. V.g., ¡la idea de una república perfecta regida conforme a las normas de la justicia! ¿Acaso se trata de algo imposible? Basta con que
nuestra idea sea adecuada para que no sea absolutamente imposible,
a pesar de los obstáculos que se interpongan en el camino de su ejecución. ¿Sería la verdad una mera ilusión por el hecho de que todo el
mundo mintiese? Y, sin duda, la idea de una educación que desarrolle
todas las disposiciones naturales en los hombres es verdadera» (*Pedagogía*, Ak. IX 444-445). «Algunas cosas sólo se dejan conocer a través
de la razón, no por medio de la experiencia, a saber, cuando no se
quiere saber cómo es algo, sino cómo debe o ha de ser. De ahí las ideas
de Platón. Virtud. Gobierno. Educación» (Refl. 445; Ak. XV 184).

era para menos, partiendo de su concepción antropológica. Una educación bien planificada (cuyos principios no se basen en el estado actual de cosas, sino en uno mejor posible en lo futuro[83]), de sesgo cosmopolita, desarrollaría adecuadamente las disposiciones naturales de la humanidad, perfeccionando la naturaleza humana y conduciendo así a la especie hacia su destino. Sin embargo, quienes tienen en sus manos los medios precisos para respaldar un proyecto de esta envergadura, no lo hacen[84]. Las arcas del Estado se agotan con los preparativos bélicos[85] y nunca queda dinero para el capítulo de educación. Por eso Kant habrá de buscar un aliado aún más poderoso para su causa, encontrándolo en la propia Naturaleza. Conforme a un contundente razonamiento teleológico, sería absurdo que la Naturaleza dejase sin desarrollar esas disposiciones implantadas por ella misma en el género humano. Sencillamente la Naturaleza no puede consentir que se produzca semejante desatino, siendo designio suyo el que todas nuestras potencialidades se desplieguen alguna vez, si no en el individuo,

83. Cfr. *Pedagogía,* Ak. IX 447.
84. «El hecho de que los poderosos sólo se cuiden de sí mismos y no contribuyan al experimento de la educación, es una observación tan relevante para una mente especulativa como desoladora para el filántropo» *(Pedagogía,* Ak. IX 444).
85. «Se ha de reconocer que las mayores desgracias que afligen a los pueblos civilizados nos son acarreadas por la *guerra* y, en verdad, no tanto por las guerras actuales o pretéritas, cuanto por los *preparativos* para la próxima, por ese rearme nunca interrumpido e incesantemente incrementado que tiene lugar por temor a una guerra futura. A tal efecto se aplican todos los recursos del Estado, todos los frutos de su cultura que tan bien podrían emplearse en acrecentar ésta» (Ak. VIII 121).

cuando menos sí en la especie. Este apoyo táctico recibe un refuerzo inusitado al reclutar bajo sus filas a quien es el mayor enemigo del objetivo perseguido, es decir, a la mismísima guerra. Ésta, cuyo elevado coste impedía vehicular el progreso cultural a través de la educación, es puesta bajo las órdenes de la Naturaleza, convirtiéndose en el instrumento del propósito que a primera vista parecía obstaculizar[86]. Incluso se le encomienda una misión de algún modo suicida, ya que los logros culturales que vaya haciendo aflorar terminarán por erradicarla[87].

Al igual que en *La fábula de las abejas* de Mandeville los vicios eran el motor de la prosperidad, el antagonismo de las inclinaciones es para Kant la llama del progreso cultural. Sin esa dinámica de acción y reacción, provocada por las pretensiones egoístas, todos los talentos cuyo germen porta la humanidad quedarían eternamente adormecidos. «El hombre quiere concordia, pero la

---

86. «La *guerra* es una empresa no premeditada por parte de los hombres, pero sí es un proyecto intencionado por parte de la suprema sabiduría, cuyo secreto guarda celosamente. Y, a pesar de las terribles penalidades que la guerra impone al género humano, así como de las tribulaciones –quizá aún mayores– que su continua preparación origina durante la paz, supone un impulso para desarrollar hasta sus más altas cotas todos los talentos que sirven a la cultura» (*Crítica del discernimiento,* Ak.V 443).

87. «Así pues, dado el nivel cultural en que se halla todavía el género humano, la guerra constituye un medio indispensable para seguir haciendo avanzar la cultura; y sólo después de haberse consumado una cultura –sabe Dios cuándo– podría sernos provechosa una paz perpetua, que además sólo sería posible en virtud de aquélla» (Ak. VIII 121). El hombre llegará a «darse cuenta de que la *guerra* representa el mayor obstáculo para la moralidad, siendo preciso humanizarla poco a poco, para que cada vez sea un fenómeno menos frecuente y acabe por desaparecer en cuanto guerra ofensiva» (Ak. VII 93).

Naturaleza sabe mejor lo que le conviene a su especie y quiere discordia»[88]. Tal es la divisa de la estrategia kantiana. Aunque lo ignoremos, cuando perseguimos el propio interés, estamos ejecutando un plan de la Naturaleza.

Suele detectarse cierto parentesco entre este «oculto plan de la Naturaleza» esgrimido por Kant y la «mano invisible» de A. Smith[89]. En cambio, casi nadie advierte otro aire de familia que a nuestro entender es mucho más decisivo. Me refiero a esos rasgos estoicos que perfilan buena parte del planteamiento kantiano[90]. Así, por ejemplo, cuando Kant asegura en la *Idea* que los Estados se ven arrastrados por la Naturaleza, a través de las guerras, hacia lo que la razón podría haberles indicado sin necesidad de tan penosas experiencias (Ak. VIII 24), no está sino explicitando un conocido adagio estoico que citará en obras tales como *En torno al tópico... y Hacia la*

---

88. Ak. VIII 21. «Lo característico de la especie humana, en comparación con la idea de posibles seres racionales en general, es que la Naturaleza ha puesto en ella el germen de la *discordia* y querido que su propia razón saque de ésta la *concordia* o, al menos, la constante aproximación a ella, de las cuales la última es en la *idea* el *fin,* mientras que *de hecho* la primera (la discordia) es en el plan de la Naturaleza el *medio* de una suprema sabiduría para nosotros inescrutable: producir el perfeccionamiento del hombre por medio del progreso de la cultura, aunque sea con más de un sacrificio de las alegrías de la vida» (*Antropología,* Ak. VII 322).

89. Cfr. Roberto R. Aramayo, «La versión kantiana de la mano invisible (y otros alias del destino)», en *La paz y el ideal cosmopolita de la Ilustración,* Tecnos, Madrid, 1996, pp. 101-124.

90. Cfr. el capítulo séptimo («History and the Moral Life in Kant and Stoicism») del documentado estudio de J. M. Seidler, *The Role of Stoicism in Kant's Moral Philosophy,* San Luis, 1981, pp. 485-605.

paz perpetua[91], a saber: «*fata volentem ducunt, nolentem trahunt*»[92], esto es, «El destino guía a quien se somete y arrastra al que se le resiste». Bien entendido que a Kant no le interesa colocar en este escenario estoico al común de los mortales, sino más bien a los «dioses de la tierra»[93], es decir, a los soberanos y a todos aquellos que detenten graves responsabilidades políticas. Estos tienen el deber de asemejar sus Estados a las estructuras políticas descritas por Platón o Tomás Moro, aproximándose cuanto puedan a ese horizonte utópico e ideal[94], pero si no se someten de buen grado a las indicaciones de la razón serán arrastrados por esa fuerza inexorable que los estoicos situaban por encima del propio Júpiter[95]: el destino, que en este contexto tiene como alias los nombres de «Naturaleza» y de «Providencia»[96]. Algo que no es ni el ciego

91. Cfr. Ak. VIII 313 y 365, así como Ak. XXIII 179.
92. Séneca, *Epistolae morales*, XVIII, 4.
93. Tal es el apodo que reciben los poderosos hombres de Estado al final de *Teoría y práctica* (cfr. Ak. VIII 313).
94. Cfr. *El conflicto de las Facultades*, Ak. VII 92 n.
95. Este tópico es recogido por el propio Kant en la «Observación final» de la segunda parte de la *Metafísica de las costumbres*, donde se dice que «La *justicia*, como el *fatum* (destino) de los antiguos poetas filosóficos, se halla incluso por encima de Júpiter y expresa el Derecho conforme a una férrea e inexorable necesidad, que es inescrutable para nosotros» (cfr. Ak. VI 489).
96. En el ensayo *Hacia la paz perpetua*, al hablar sobre la garantía de ésta, se identifican los tres términos: «Quien suministra este aval es nada menos que la *Naturaleza*, en cuyo curso mecánico brilla visiblemente la finalidad de que a través del antagonismo de los hombres surja la armonía, incluso contra su voluntad; y por eso se le llama indistintamente *Destino*, en cuanto causa necesaria de los efectos producidos por leyes desconocidas para nosotros, o bien *Providencia*, en atención a su finalidad en el curso del mundo, como recóndita sabiduría de una causa más elevada que apunta hacia el fin final del género

azar ni un arbitrio caprichoso. «El curso del mundo es una disposición de la naturaleza, pero no un teatro de marionetas; no se rige por decretos, sino por leyes *(semel iussit, semper paret)*»[97]. Y «la ley, como orden inmutable radicado en la naturaleza de las cosas, no deja ni al arbitrio del Creador que las consecuencias sean éstas o aquéllas»[98].

A mi juicio, la teodicea de que Kant nos habla en la filosofía de la historia gravita en torno a su visión del estoicismo. «Los estoicos –les decía a sus alumnos de teología racional– poseían probablemente los conceptos más puros de Dios, consagrándolos asimismo a un propósito práctico. Sin embargo, no podían llegar a considerarlo como un creador del mundo, ya que cuando utilizan el término *creador* lo asocian más bien con el concepto de un mero arquitecto, suponiendo una materia igualmente eterna a partir de la cual Júpiter (la divinidad suprema) ha configurado y organizado las cosas en el mundo. Se cometería una injusticia para con ellos si se les achacara el haber sostenido una necesidad de las cosas en el mundo y sus transformaciones, dado que distinguían cuidadosamente entre *fatum* y necesidad, no entendiendo por *fatum* sino el gobierno y la Providencia divinos. Mas

humano y que predetermina ese curso del mundo» (cfr. Ak. VIII 360-361).

97. Cfr. Refl. 5.551 b; Ak. XVIII 217. El aforismo latino añadido entre paréntesis es nuevamente de Séneca, quien en el capítulo 5 de su *De providentia* dejó escrito: «El propio fundador y director del universo que ha escrito la sentencia del destino también lo acata; sólo mandó una vez, siempre obedece». (Leibniz comenta el texto en su *Teodicea* –cfr. GP, VI 386-387). Cfr. Ak. XXIII 109.

98. *El fin de todas las cosas*, Ak. VIII 33.

para justificar al Dios sumamente perfecto, a la vista del mal físico y moral que se halla en el mundo, responsabilizan de ello a la ineptitud de la materia, que no siempre habría sabido plegarse a las más elevadas intenciones del arquitecto»[99]. En el *Probable inicio de la historia humana* se sigue un razonamiento paralelo, explicándose la existencia del mal por el hecho de que el hombre no sepa adecuar su libertad a los sabios designios de la Naturaleza. «Por consiguiente –se dice allí–, el individuo tiene motivos para autoinculparse de todos los males que padece y atribuirse a sí mismo toda la maldad que comete, pero al mismo tiempo también los tiene para admirar y alabar la sabiduría y regularidad de ese orden en tanto que miembro de la totalidad (de una especie)»[100].

Como vemos, Kant recrea la concepción estoica del destino y del orden cósmico que desatiende la suerte de lo particular en aras de la totalidad, adaptándola a su propio enfoque de los mismos problemas. También aquí se predicará la satisfacción con la Providencia, ya que ello nos sirve «para cobrar ánimo en medio de tantas penalidades y, de otro lado, para evitar la tentación de responsabilizar por completo al destino, no perdiendo de vista nuestra propia culpa, que acaso sea la única causa de todos esos males, con el fin de no desaprovechar la baza del autoperfeccionamiento»[101].

Bajo estas premisas, Kant se impone la tarea de «bosquejar una historia *a priori* del género humano», con el

99. *Lecciones sobre filosofía de la religión,* Ak. XXVIII 2.2 1126.
100. *Probable inicio de la historia humana*, Ak. VIII 116.
101. *Op. cit.*, Ak. VIII 121.

fin de compulsar si se halla o no en continuo progreso hacia lo mejor. Según delatan los trabajos preparatorios del escrito que será publicado más tarde como segunda parte de *El conflicto de las Facultades,* en un principio Kant se proponía abordar dos tipos de progreso. El primero de ellos hubiera versado sobre una especie de «ingeniería genética» llevada a cabo por la naturaleza, esto es, sobre la posibilidad de que se pudieran desarrollar nuevas razas o se mejorasen las ya existentes[102]. Pero Kant ve aquí un callejón sin salida[103] y desechará este análisis, afirmando en la segunda parte de *El conflicto de las Facultades* que no se trata allí de la historia natural (de si, por ejemplo, podrían surgir nuevas razas en el futuro), sino que lo que nos interesa es la *historia moral*[104], la cual, además, no será relativa a los individuos, sino a las sociedades.

A la pregunta de ¿cómo es posible esta historia *a priori?*, Kant responde de un modo taxativo: cuando el «profeta» es el artífice de los acontecimientos que vaticina. Ésta sería la razón de que las agoreras predicciones de los políticos resulten tan exactas, el que ellos mismos es-

---

102. Cfr. Borrador de «*El conflicto de las Facultades*», Ak. XXIII 456.
103. «...la mezcla de razas (en las grandes conquistas), que borra poco a poco los caracteres, no es favorable al género humano» (*Antropología,* Ak. VII 320). «La naturaleza ya ha agotado hace mucho tiempo las formas adecuadas a cada clima y, de otro lado, los cruces de americanos con europeos o de éstos con la raza negra han degradado la buena sin elevar proporcionalmente la mala; de ahí que el Gobernador de México actuara con acierto al rehuir las indicaciones de la Corte en orden a fomentar el entrecruzamiento» (Ak. XXIII 456).
104. Cfr. *El conflicto de las Facultades*, Ak. VII 79.

tablecen las condiciones propiciatorias de lo augura-do[105]. Otro tanto habrá de hacer el filósofo.

«La predicción de un futuro éxito moral –dejó escrito Kant en el borrador de *El conflicto*– tiene su origen en una idea de la razón práctica, que se encuadra así dentro de la categoría de la modalidad. El continuo progreso del género humano hacia la mejora es *posible,* pues es un deber del mismo actuar sobre la interminable serie de todas las generaciones en orden a transformar las relaciones interestatales. Las causas tendentes al éxito pretendido son *reales,* ya que, por una parte, se da en todos los hombres poderosos un vivo sentimiento de complacencia en conseguir ese objetivo, siempre y cuando ejerciten su razón, alumbrándose con ello un fundamento subjetivo para el fomento de semejante progreso y, de otro lado, esa inclinación hacia la guerra enraizada en la naturaleza humana, que amenaza con hacer retroceder todos los buenos fines de los hombres, impone la realización y el mantenimiento de una constitución cosmopolita que nos conduce hacia el progreso moral. El resultado de tales causas es *necesario* y puede ser predicho en tanto que historia futura del género humano a partir de indicios actuales»[106].

¿Cuáles son estos indicios? Pues nada menos que los procesos revolucionarios, cuyo máximo exponente, la Revolución francesa, no podía ser citado todavía en 1784. El entusiasmo que este fenómeno despierta en el ánimo de todos los espectadores no puede tener otra

105. Cfr. *Op. cit.*, Ak. VII 79-80.
106. Cfr. *Borrador de El conflicto de las Facultades,* Ak. XXIII 458.

causa sino la de una disposición moral del género huma-no[107]. Tal es, por tanto, el síntoma que nos permite pro-nosticar el progreso de la humanidad, progreso que se refleja en la instauración de constituciones republicanas cuya principal virtud es el conjuro de la guerra.

La mujer de Herder llegó a sospechar que Kant hubie-ra redactado su *Idea para una historia universal en clave cosmopolita* a modo de «antídoto preventivo», con el fin de neutralizar las tesis contenidas en la obra de su mari-do, a la que Kant bien pudo tener acceso antes de su pu-blicación a través de Hartknoch o Hamann[108]. Eso expli-caría, por ejemplo, que Kant se sintiera obligado a explicitar la motivación del escrito en cuestión, algo que no era en absoluto necesario. Ciertamente, al autor de la *Crítica de la razón pura* no debió agradarle demasiado comprobar que las *Ideas para una filosofía de la historia de la humanidad* se limitaban a citar uno de sus escritos precríticos, esto es, que el antiguo discípulo y admira-dor[109] obviaba los mejores frutos de su laboriosa medita-ción. Y también es innegable que la primera recensión de Kant al libro de Herder –que además fue publicada anónimamente– rezuma cierta acritud. Puede incluso

---

107. Cfr. *El conflicto de las Facultades,* Ak. VII 85.
108. Cfr. *Erinnerungen aus dem Leben Joh. Gottfrieds von Herder*, gesammelt und beschrieben von Maria Carolina von Herder –ge. Flachsland– (hrsg. durch Johann Georg Müller), Tübingen, 1820, vol. II, p. 222.
109. Es bien conocido el homenaje que Herder dedicó a su antiguo maestro en sus *Briefe zur Beförderung der Humanität [Cartas para el fomento de la humanidad],* Riga, 1795, pp. 172 y ss. [cfr. J. G. Herder, *Sämtliche Werke* (hrsg. von B. Suphan), Georg Olms, Hildesheim, 1967, vol. XVII, pp. 403 y ss., y vol. XVIII, pp. 324-325.

ser verdad que, de no haber mediado esa polémica con Herder[110], quizá Kant nunca hubiera dado con la espléndida imagen de la asíntota, ni hubiese escrito jamás el *Probable inicio de la historia humana*[111], y acaso tampoco habría publicado la propia *Idea,* cuando menos en la fecha que lo hizo.

Tal y como es concebida por Kant, la tarea del filósofo de la historia es genuinamente ética, pues consiste en modelar el porvenir a golpe de utopemas ucrónicos. Ante la defensa del *statu quo* característica del político[112], el filósofo debe acometer una «revolución asintótica», señalando por ejemplo el horizonte utópico de un Estado cosmopolita, el cual, lejos de ser una quimera, ha de servir como pauta para los principios de gobierno[113]. Ni siquiera importa que se trate de una meta ucrónica; nos será útil en cuanto arquetipo al que ir aproximando la realidad[114]. El quiliasmo filosófico tiene la ventaja de

110. El ambiente de la polémica ha sido recreado por E. Estiu, «La filosofía kantiana de la historia», en I. Kant, *Filosofía de la historia*, Ed. Nova, Buenos Aires, 1964, pp. 8-19. Cfr. asimismo M. Rouche, *La philosophie de l'Histoire de Herder,* París, 1940, pp. 310-318.
111. Con este ensayo Kant quiso demostrar que, partiendo del mismo relato bíblico, se podían alcanzar conclusiones distintas a las obtenidas por Herder en su escrito *El documento más antiguo del género humano,* reproducido casi íntegramente en el libro décimo de la segunda parte de las *Ideas para una filosofía de la historia de la humanidad* (cfr. R. Haym, *Herder nach seinem Leben und seinen Werken dargestellt,* Berlín, 1885, vol. II, pp. 256 y ss.).
112. Cfr. Ak. XXIII 458-459, y *El conflicto de las Facultades,* Ak. VII 80.
113. Cfr. *Idea,* Ak. VIII 28.
114. Al igual que la idea de virtud o república (cfr. *Crítica de la razón pura,* A 313-319, B 370-375).

verse propiciado por su propia idea[115]. La herramienta fundamental del filósofo de la historia será, pues, la esperanza; con ella habrá de cincelar el perfil del futuro. No en vano, la esperanza fue homologada por la *Crítica de la razón pura,* a efectos prácticos, con la función asignada al saber y a la ley natural en el plano del conocimiento teórico[116].

«La sociedad –escribió Kant en una de sus *Reflexiones*– es como la caja de Pandora. De ella surge el despliegue de todos los talentos y al mismo tiempo de todas las inclinaciones; pero en el fondo subyace la esperanza»[117]. Y es que la esperanza era la única debilidad reconocida por Kant a la ecuánime e insobornable razón, representando una parcialidad que no podía corregir y que, por otro lado, tampoco le interesaba eliminar[118].

A buen seguro que Kant, auténtico adalid del utopismo ucrónico, suscribiría sin paliativos estas líneas de Ortega, que tan bien sintetizan el espíritu del planteamiento analizado en estas páginas: «Normalmente los animales son felices. Nuestro sino es opuesto. El destino –el privilegio y el honor– del hombre es no lograr nunca lo que se propone y es pura pretensión, viviente utopía»[119].

---

115. Cfr. *Idea,* Ak. VIII 26.
116. Cfr. *Crítica de la razón pura*, A 805, B 833.
117. Refl. 1407 (Ak. XV 613-614).
118. Según reza el conocido pasaje de *Los sueños de un visionario* (Ak. II 349-350).
119. *Miseria y esplendor de la traducción,* O.C., V, 434.

III. «Teoría y práctica», o el papel político de la metafísica kantiana

No sé cómo debo tomar los recientes e inusitados cargos atribuidos a la metafísica y que la convierten en causa de revoluciones políticas, si como un honor inmerecido o como una ingenua difamación, puesto que desde hace ya mucho tiempo era un principio asumido por los hombres con responsabilidades políticas el relegarla a la academia como simple pedantería. (Borrador de *Teoría y práctica*, Ak. XXIII 127.)

El escrito *En torno al tópico: «tal vez eso sea correcto en teoría, pero no sirve para la práctica»* ve la luz en el año 1793, cuando ya han sido publicadas las tres *Críticas* y, por tanto, el sistema filosófico de Kant se halla en su plena madurez, si bien falten todavía por aparecer obras tan relevantes como *Hacia la paz perpetua* (1795) o la *Metafísica de las costumbres* (1797). Sin duda, este opúsculo representa un hito muy importante dentro de la evolución experimentada por el pensador prusiano en su reflexión práctica, dado que, por primera vez, aborda problemas de carácter jurídico-político y no sólo específicamente morales. Estas páginas nos ofrecen una clara exposición de algunas premisas fundamentales del formalismo ético, junto a un boceto de lo que serán los *Principios metafísicos de la teoría del derecho;* pero, por si esto fuera poco, en ellas también se recrean las categorías con que operaba su filosofía de la historia en *Idea para una historia universal en clave cos-*

mopolita (1784), para conjugarlas con ese proyecto político que cristalizará poco después en el tratado sobre la paz perpetua, cuyas líneas maestras quedan trazadas aquí. A la vista de todos estos datos no resultará exagerado afirmar que nos encontramos ante una espléndida introducción al pensamiento kantiano en su vertiente práctica.

Casi entre paréntesis mencionaré una circunstancia que siempre aconsejo tener muy presente a la hora de leer este pequeño pero enjundioso ensayo. Me refiero al hecho de que cubriera el hueco editorial dejado por un artículo censurado. En efecto, cuando lo que poco más tarde se convertiría en el segundo capítulo de *La religión dentro de los límites de la mera razón* (1793) no pudo ser publicado –como estaba previsto– en la *Berlinische Monatsschrift,* al no contar con el beneplácito de los censores[120], el filósofo de Königsberg propone a Biester –editor de dicha revista– sustituir aquel escrito por otro trabajo sobre moral, aparentemente mucho menos conflictivo, donde pretende salir al paso de ciertos comentarios que Chr. Garve –renombrado profesor de Leipzig– había formulado en torno a sus principios éticos[121]. Sin embargo, esta oferta inicial fue ampliada sustancialmente, añadiéndose dos parágrafos más en los que Hobbes y Mendelssohn son elegidos como sendos interlocutores de sus juicios acerca del derecho y la política. Según ha observado Vorländer, Kant puso gran

120. Cfr. W. Dilthey, «Det Streit Kants mit der Censur über das Recht freier Religionsforschung», *Archiv für Geschichte der Philosophie,* 3 (1890), pp. 418-450.
121. Cfr. Carta de Kant a J. E. Biester del 30-7-1792 (Ak. XI 349-50).

empeño en que los tres apartados fueran publicados conjuntamente, pues así parecía exigirlo su articulación y unidad temática[122]. A modo de apostilla, advertiré que los denominados *Vorarbeiten,* esto es, el borrador de la obra en cuestión, demuestran claramente que nuestro autor abrigaba desde un principio la intención de redactar esa trilogía o, cuando menos, de no limitarse al anunciado diálogo con Garve y no tratar sólo problemas morales, sino también temas jurídico-políticos. Y dicho esto señalaremos que, lejos de parecernos algo marginal o puramente anecdótico, el incidente con la censura se nos antoja harto significativo y digno de tener en cuenta. Reparemos, por ejemplo, en el énfasis con que un conocido pasaje reivindica ese irrenunciable derecho del pueblo a expresar libremente su opinión acerca de cualquier asunto y, concretamente, en materia de religión. ¿Acaso no está influyendo notablemente sobre Kant su roce con la inquisición prusiana cuando redacta estas líneas?

I

Podría decirse que, salvando las distancias, el primer apartado de *En torno al tópico...* es a la *Crítica de la razón práctica* (1788) lo que los *Prolegómenos* (1783) a la *Crítica de la razón pura* (1781/1787), en el sentido de que, tal y

---

122. Cfr. su introducción a Kant, *Kleinere Schriften zur Geschichtsphilosophie, Ethik und Politik* (hrsg. von K. Vorländer), F. Meiner, Hamburgo, 1913, p. XXVI.

como éstos pretendieran hacer más asequibles los principios de su teoría epistemológica, aquí se intenta expresar con cierta sencillez aquellas tesis éticas formuladas de un modo tan riguroso en la segunda *Crítica*. No en vano una y la misma persona –Chr. Garve– fue quien motivó la redacción de ambas obras[123]. En este caso, las observaciones del conocido profesor de Leipzig se ven determinadas por la simpatía que éste profesaba hacia los moralistas británicos[124], es decir, precisamente por ese utilitarismo pragmático que Kant se propuso conjurar con su nueva fórmula ética; de ahí su empeño en rebatir con la mayor contundencia los malentendidos originados por una lectura hecha desde tal óptica. Ahora bien, el presunto interés de la réplica kantiana se realza sobremanera cuando comprobamos que hace diana en casi todos los puntos polémicos donde recalarán posteriormente las críticas al formalismo ético. No deja de ser sintomático que la doctrina del bien supremo[125] –uno de los temas más controvertidos del pensamiento kantiano– y sus múltiples implicaciones ocupen un lugar tan destacado en este parágrafo, inaugurando la serie de refutaciones que nuestro autor esgrime contra las tergiversaciones vertidas por Garve.

---

123. Como es bien sabido, el Apéndice de los *Prolegómenos* está dedicado a rebatir el parentesco con Berkeley que Garve apuntara en su famosa recensión sobre la *Crítica de la razón pura*. Para recabar más información puede consultarse la obra de A. Stern, *Über die Beziehungen Chr. Garves zu Kant,* Leipzig, 1884, pp. 17-24.
124. Cfr. P. Müller, *Chr. Garves Moralphilosophie und seine Stellungnanme zu Kants Ethik,* Borna-Leipzig, 1905, pp. 16-18.
125. Cfr. Roberto R. Aramayo, *Crítica de la razón ucrónica,* Tecnos, Madrid, 1992, cap. 2, pp. 59-102.

La ética del criticismo descansa sobre una inestable
aporía que puede formularse así: «La felicidad no es el
principio de la moralidad, pero sí un corolario necesario
de la misma»[126]. En este lacónico aforismo se cifra todo
el diseño estructural de la ética kantiana, cuya definición
–no hay que olvidarlo– es la de una ciencia que nos enseña cómo hacernos dignos de ser felices[127]. Siendo consecuente con tal planteamiento, Kant habrá de fijar, pese
a su formalismo, una meta práctica que dote de sentido
al quehacer moral del hombre, indicando un horizonte
utópico al que sólo cabe aproximarse asintóticamente.
Este utopema genuinamente ucrónico –llamado fin final
o sumo bien– requerirá postular la existencia de Dios
como su condición de posibilidad, para garantizar que
nuestro proyecto ético es realizable y evitar que la razón
se autocontradiga ordenando el fomento de algo imposible[128]. Con todo, los reproches de suscribir un eudemonismo encubierto y de fundamentar subrepticiamente su
moral en la teología no se hicieron esperar, como testi-
monia la ironía derrochada por Schopenhauer[129] o los
propios comentarios de Garve. Pues bien, quizá nos ha-
llemos ante la más lúcida exposición de tan espinoso
asunto. Kant logra sintetizar en poco espacio y con una
gran precisión todo lo farragosamente argumentado a

126. Cfr. Kant, *Lecciones de ética* (edición de Roberto R. Aramayo y
Concha Roldán), Crítica, Barcelona, 1988, p. 119; Ak. XXVII 1 304.
127. Cfr. Kant, *Crítica de la razón práctica* (edición de Roberto R. Aramayo), Alianza Editorial, Madrid, 2012; Ak. V 130.
128. Cfr. Kant, *Crítica del discernimiento* (edición de Roberto R. Aramayo y Salvador Mas), Alianza Editorial, 2012; Ak. V 471 n. 453 y 446.
129. Cfr. Roberto R. Aramayo, *Immanuel Kant. La utopía moral como
emancipación del azar,* Edaf, Madrid, 2001, pp. 62 y ss.

este respecto por la «Dialéctica de la razón pura práctica» y la «Metodología» de la *Crítica del discernimiento* (1790). Al perseguir el bien supremo, la determinación de nuestra voluntad no es interesada, luego no hay anatema intrasistemático. Ésa es la columna vertebral de un razonamiento cuya finalidad última sería la de mostrar que una teología moral no es asimilable a la moral teológica tradicional.

Uno tras otro van desfilando los tópicos más importantes del formalismo ético. Así, por ejemplo, la distinción básica entre algo cuya bondad es relativa, comparativa o gradual y lo bueno en términos absolutos, es decir, aquella voluntad buena en sí misma y no en relación a cierto medio de que nos hablara la *Fundamentación para una metafísica de las costumbres*[130]. También está presente un ingenioso argumento que será retomado en los *Principios metafísicos de la teoría de la virtud* y que va dirigido contra esa etiología circular enarbolada por el eudemonismo, la cual convierte al efecto de cumplir con el deber –sentirse contento consigo mismo– en la causa o motivación de un comportamiento moral. Todo ello culmina con la tan célebre como patética ilustración del depósito[131], que tiene asignada una grave misión, la de patentizar lo sencillo que resulta seguir el recto camino del deber, comparado con el aventurarse por ese tortuoso

---

130. Cfr. Kant, *Fundamentación para una metafísica de las costumbres* (edición de Roberto R. Aramayo), Alianza Editorial, Madrid, 2012, Ak. IV 394.
131. Que ya había sido utilizada –aunque con un protagonismo mucho menor– en la segunda *Crítica* (cfr. *Crítica de la razón práctica,* ed. cast. cit., Ak. V 77).

sendero del eudemonismo que se basa en un incierto cálculo aleatorio de probabilidades, en un vertiginoso calibrar las ventajas y los inconvenientes acarreados por cualquier decisión. Y es que –según Kant– «la razón no tiene luz suficiente para poder vislumbrar de una sola ojeada la serie de causas antecedentes y determinantes, lo que permitiría predecir con total seguridad el éxito favorable o adverso con que se ven rematadas las acciones humanas según el mecanismo de la naturaleza. Pero, en cambio, lo que se ha de hacer para permanecer en la línea recta del deber resplandece muy claramente como fin último»[132], pues está escrito con trazos indelebles en el corazón del hombre.

II

En el segundo apartado Kant pergeña los elementos fundamentales que integran la primera parte de su *Metafísica de las costumbres,* donde no sufrirán grandes cambios ni la concepción del derecho –definido como una relación contractual que interlimita las libertades individuales merced a las leyes públicas de coacción– ni los tres principios *a priori* del estado civil, a saber: libertad (entendida esencialmente como una búsqueda personal de la felicidad que no perjudique a los demás), igualdad (la cual resulta perfectamente compatible con las diferencias de orden social, aunque se abogue por suprimir los privilegios de cuna y todo tipo de heredad) e indepen-

132. Cfr. Kant, *Hacia la paz perpetua,* Ak. VIII 370.

dencia (lo que significa que todo ciudadano colegislador ha de poder sustentarse por sí mismo). Tampoco experimentará grandes modificaciones esa pieza básica del derecho kantiano denominada contrato social y que sirve como piedra de toque para la legislación jurídica en general. Gracias a esta idea de la razón –que demuestra una indudable realidad práctica– los legisladores están obligados a promulgar las leyes *como si* éstas pudieran haber emanado del consenso popular[133].

Pero la tesis estelar del discurso se hará esperar hasta el final, siendo expuesta como un corolario de todo lo argumentado anteriormente. A juicio de nuestro autor, no hay ninguna resistencia legítima por parte del pueblo en contra de su soberano, bajo el pretexto de que éste abusa del poder tiránicamente. Y esto es algo de lo que no se retractará en sus publicaciones posteriores, donde reafirma tal doctrina[134]. Se han derramado mares de tinta en torno a esta escabrosa cuestión[135], pues desde siempre

133. Se ha llegado a decir que la concepción kantiana del contrato social es una especie de «cuarta fórmula del imperativo categórico», cuya principal peculiaridad sería la de contar con un usuario único, ya que se halla reservada, exclusivamente, al servicio del soberano. (Cfr. A. Philonenko, *Théorie et praxis dans la pensée morale et politique de Kant et de Fichte en 1793,* J. Vrin, París, 1968, pp. 52 y ss.).

134. Cfr. Kant, *Metafísica de las costumbres,* Ak. VI 320.

135. Destacaremos un exhaustivo estudio que disecciona cada línea del texto en cuestión, analizando el problema con la mayor minuciosidad: J. Berkermann, *Studien über Kants Haltung zum Widerstandsrecht,* Hamburgo, 1972 (cfr. especialmente las pp. 50-125). También deben ser tenidos en cuenta la obra de W. Haensel, *Kants Lehre von Widerstandsrecht,* Berlín, 1926 (en concreto las pp. 74-96), así como el artículo de R. Polin, «Les relations du peuple avec ceux qui le gouvernent dans la philosophie politique de Kant», *Annales de philosophie politique,* 4 (1962), 163-187. Pero quien quiera profundizar en el tema

produjo escándalo que un supuesto admirador de la Revolución francesa[136] negara estatuto jurídico a toda sublevación popular y las hipótesis para explicar esta paradójica postura del filósofo de Königsberg cubren un amplio espectro, desde las que apelan al socorrido recurso del temor a la censura[137], hasta las que corrigen doctrinalmente al propio Kant invocando fragmentos de *Nachlaß*[138] donde se justificaría la rebelión en caso de regresión al estado de naturaleza[139]. Debe reconocerse que todas ellas comparten un sospechoso aire de familia, ya que persiguen un objetivo idéntico: rescribir la partitura kantiana. La interpretación más plausible –a mi parecer– es la de F. González Vicén, para quien no se trata de «una contradicción o una inconsecuencia, sino de una doble perspectiva de uno y el mismo problema»[140],

habrá de consultar el denso capítulo que le dedica W. Kersting, *Wohlgeordnete Freiheit,* Walter de Gruyter, Berlín, 1984 (pp. 311-357). Asimismo pueden resultar de cierta utilidad los trabajos de R. Hancock, «Kant and Civil Disobedience», *Idealistic Studies,* 5 (1975), 164-176 y P. Nicholson, «Kant on the Duty Never to Resist the Sovereign», *Ethics,* 86 (1976), 214-230.

136. Cfr. *El conflicto de las Facultades,* 1978, Ak. VII 85 (Cfr. asimismo la monografía de P. Burg, *Kant und die Französische Revolution,* Duncker y Humblot, Berlín, 1974).

137. Cfr. L.W. Beck, «Kant and the Right of Revolution», en *Essays on Kant and Hume,* Yale University Press, New Haven y Londres, 1978, p. 172.

138. Cfr. H. S. Reiss, «Kant and the Right of Rebellion», *Journal of the History of Ideas,* 17 (1956), pp. 191-192.

139. Cfr. H. Williams, *Kant's Political Philosophy,* B. Blackwell, Oxford, 1983, p. 204.

140. Cfr. F. González Vicén, *La filosofía del Estado en Kant,* Universidad de La Laguna, 1952, pp. 95 y ss. (Este libro fue luego publicado, junto a otros trabajos del mismo autor, bajo el título *De Kant a Marx,* Valencia, 1984).

advirtiendo que no debe confundirse una valoración de un acontecimiento histórico con el enjuiciamiento del mismo problema bajo la luz de una insobornable lógica jurídica.

D. Henrich[141] ha sugerido que con esta polémica tesis Kant habría querido demostrar al célebre matemático Kästner (autor de una senil sátira sobre la filosofía trascendental) que, si la filosofía política no engendra revolución alguna, ello no se debe –como él presume– a que sea impotente para lograrlo por tratarse de una mera teoría, sino a que dicha teoría no puede, si es consecuente con sus propios axiomas, albergar un derecho semejante. Esta lectura –he de añadir– se ve refrendada por el borrador del escrito en cuestión, en donde, justo al comienzo, se viene a decir que no es extraño, dado el carácter dogmático de su ciencia, que los matemáticos –siempre tan preocupados únicamente por su erudición– se mantengan al margen de toda revolución política, mientras que la metafísica es acusada tiempo atrás de suponer un serio peligro en tal sentido[142]. En esa misma línea y con un desacostumbrado tono sarcástico el prefacio de *Hacia la paz perpetua* pedirá a los políticos que sean coherentes consigo mismos y no vean en las hueras ideas de un pobre filósofo ninguna sombra de amenaza para el Estado.

141. Cfr. «Über den Sinn vernünftigen Handelns im Staat», estudio introductorio a su edición de Kant/Gentz/Rehberg, *Über Theorie und Praxis,* Suhrkamp, Frankfurt am Main, 1967, pp. 12-13.
142. Cfr. Borrador de *Teoría y práctica,* Ak. XXIII 127.

III

La tercera sección contiene los materiales que darán lugar a la segunda parte de *El conflicto de las Facultades,* aquella que lleva por título «Replanteamiento de la pregunta sobre si el género humano se halla en constante progreso hacia lo mejor». Contra la visión pesimista de Mendelssohn, Kant apuesta por un incesante progreso, si bien paulatino y no exento de hiatos, hacia lo mejor. Paralelamente, se gesta en este apartado ese proyecto político que desarrollará *La paz perpetua,* a saber, crear una federación de naciones que acabe para siempre con las guerras. La solución es aparentemente sencilla: tal y como los individuos ingresan en una constitución civil huyendo de la violencia propia del estado natural, los Estados habrán de abandonar su constante belicismo y organizarse políticamente dentro de una constitución cosmopolita[143]. El éxito de tal empresa viene avalado por un adagio latino (*fata volentem ducunt, nolentem trahunt*[144]) que revela la impronta estoica de la *Idea de una historia universal en sentido cosmopolita.*

En efecto, Kant rentabiliza para este contexto las categorías con que opera su filosofía de la historia. Así, el Estado no tendrá más que imitar a la Naturaleza y servirse del antagonismo para conseguir su propósito. Pero, además, se cuenta con un aval que certifica la buena marcha del proceso. «La naturaleza garantiza la paz perpetua utilizando en su provecho el mecanismo de las inclinaciones humanas. Desde luego, esa garantía no es bastante para

143. Cfr. Kant, *Hacia la paz perpetua,* Ak. VIII 357.
144. Cfr. *ibíd.*, Ak. VIII 365.

vaticinar con seguridad teórica el porvenir, pero, en sentido práctico, sí resulta suficiente para convertir en un deber el trabajo por conseguir ese fin que no es una mera ilusión»[145]. En otro lugar[146] he propuesto la homologación del estatuto concedido a la fe racional con el detentado por la creencia en un progreso moral histórico, puesto que ambos tienen idéntica función, el suministrar la certeza práctica de que no estamos persiguiendo una vana quimera, la confianza de que nuestra meta práctica (moral o política, respectivamente) es realizable. Al igual que la ética kantiana se abre hacia esa religión antropocéntrica de una novedosa teología moral, su doctrina política requiere un aval para garantizar el horizonte utópico de la paz perpetua y éste lo proporciona esa teodicea secularizada que supone su filosofía de la historia.

En definitiva, el escrito en su conjunto constituye un canto apologético del vituperado idealismo, un alegato en favor del *deber ser* lanzado contra quienes todo lo basan en la experiencia desdeñando la teoría, sin darse cuenta de que, aunque «la experiencia nos proporciona las reglas y es fuente de la verdad cuando se considera la naturaleza, esa misma experiencia es, desgraciadamente, madre de la ilusión en lo que atañe a las leyes morales, resultando altamente perjudicial querer derivar las leyes sobre lo *que debo hacer* de lo que *se ha hecho* o limitarlas en virtud de esto último»[147]. Nuestros políticos

---

145. Cfr. *ibíd.*, Ak. VIII 368 (con estas continuas referencias hemos querido constatar el hecho de que la segunda sección de *En torno al tópico,* constituye un esbozo del ensayo sobre la paz perpetua).
146. Cfr. R. Rodríguez Aramayo, *Crítica de la razón ucrónica,* cap. 4.
147. Cfr. Kant, *Crítica de la razón pura,* A 318-9, B 375.

–comenta el autor de *El conflicto de las Facultades*– vaticinan decadencia y ruina, siendo sus pronósticos tan acertados como lo eran los de los profetas judíos, por la sencilla razón de que, en ambos casos, son ellos los causantes de que acontezca lo previsto. Dicen –prosigue– que hay que tomar a los hombres tal cual son, y no como los pedantes ajenos al mundo o los soñadores bien intencionados imaginan que deben ser; pero en lugar de *cómo son* habrían de decir más bien *lo que hemos hecho de ellos*[148].

Contra ese «realismo» del dirigente político se alza la peculiar metafísica kantiana, cuya quintaesencia queda bien reflejada en la siguiente aseveración: «Algunas cosas sólo se dejan conocer a través de la razón, no por medio de la experiencia: cuando no se desea saber cómo es algo, sino cómo tiene que o debe ser. De ahí las ideas de Platón»[149]. ¿Acaso no tiene la idea del contrato social una innegable realidad práctica como piedra de toque para el supremo legislador? «Nada hay más pernicioso e indigno de un filósofo –sentenció el Kant de la *Crítica de la razón pura*– que la plebeya apelación a una presunta experiencia contradictoria, la cual no hubiera tenido lugar de haber existido a tiempo instituciones conforme a ideas y de no existir, en su lugar, burdos conceptos –extraídos precisamente de la experiencia– que hicieran fracasar toda buena intención»[150].

---

148. Cfr. Kant, *El conflicto de las Facultades,* Alianza Editorial, Madrid, 2003, Ak. VII 80.
149. Refl. 445 (Ak. XV 184).
150. Cfr. Kant, *Crítica de la razón pura*, A 316-7, B 373.

Esta última reflexión es el auténtico telón de fondo del escrito que nos ocupa, cuya motivación más directa era la de mostrar (quizá aguijoneado por Kästner) que si hay algo que pueda ser verdaderamente revolucionario, eso es una teoría metafísica –tan despreciada por los avezados empiristas prácticos–. Y lo demuestra con un ejemplo contundente, al posibilitar el programa político de un Estado federal cosmopolita gracias a los principios que proporciona esa teodicea secularizada que es la filosofía *moral* de la historia. Todo el pensamiento práctico de Kant es esencialmente revolucionario, en cuanto nos marca un horizonte utópico, unas metas prácticas cuya persecución irá remodelando el actual mundo fenoménico según el patrón eidético aplicado. Una cosa es que situado en la lógica inexorable del discurso jurídico no reconozca un presunto derecho a rebelarse contra las tiranías y otra muy distinta que toda la filosofía práctica de Kant no presuponga una verdadera revolución, tanto en el orden moral como en el político, pese a que se trate de una empresa que resulte asintótica para sus agentes. Aunque las ideas encarnen una perfección que se sabe inalcanzable, nuestra tarea ética es la de aproximarnos asintóticamente hacia ese horizonte de utopías ucrónicas.

En esta empresa el filósofo, ese molesto personaje a quien los influyentes pretenden recluir en su torre de marfil para que sutilice cuanto quiera, pero eso sí, sin traspasar el coto académico, asume un papel decisivo, al tener que fijar el rumbo del proyecto moral y alumbrar los utopemas ucrónicos a que han de aspirar tanto el individuo como la sociedad, señalando el horizonte utópico al que debe aproximarse asintóticamente la humanidad. Desde luego, ésa fue la misión que Kant impuso a su propia metafísica: promover una «revolución asintótica» mediante su teoría preñada de metas prácticas. Para conseguir este objetivo tan ambicioso sólo pedirá una cosa, que los filósofos puedan manifestar con entera libertad su pensamiento, proporcionando con ello a los gobernantes elementos de juicio para cotejar el acierto de sus decisiones. Este planteamiento determina que nuestro autor no pueda suscribir el ideal platónico del rey-filósofo, sino más bien al revés. «No cabe confiar en que los reyes filosofen o esperar que los filósofos lleguen a ser reyes, pero tampoco hay que desearlo, porque detentar el poder corrompe inexorablemente el libre juicio de la razón. Sin embargo, es imprescindible que los reyes no hagan desaparecer o acallar a la clase de los filósofos y que, por el contrario, les dejen hablar públicamente para que iluminen su tarea»[151].

---

151. Cfr. Kant, *Hacia la paz perpetua* (1795), Ak. VIII 369. Cfr. Roberto R. Aramayo, *La quimera del rey filósofo,* Taurus, Madrid, 1997 *passim.*

Contestación a la pregunta:
¿Qué es la Ilustración?[1]

1. Esta versión castellana fue publicada con anterioridad en el número 25 (año 2001) de la revista *Isegoría* (pp. 287-291). *[N. T.]*

Ilustración significa el abandono por parte del hombre ‹Ak. VIII 35› *de una minoría de edad cuyo responsable es él mismo.* Esta *minoría de edad* significa la incapacidad para servirse de su entendimiento sin verse guiado por algún otro. *Uno mismo es el culpable* de dicha minoría de edad cuando su causa no reside en la falta de entendimiento, sino en la falta de resolución y valor para servirse del suyo propio sin la guía del de algún otro. *Sapere aude!* ¡Ten valor para servirte de tu propio entendimiento! Tal es el lema de la Ilustración.

Pereza y cobardía son las causas merced a las cuales tantos hombres continúan siendo con gusto menores de edad durante toda su vida, pese a que la Naturaleza los haya liberado hace ya tiempo de una conducción ajena (haciéndoles físicamente adultos); y por eso les ha resultado tan fácil a otros el erigirse en tutores suyos. Es tan cómodo ser menor de edad. Basta con tener un libro que supla mi entendimiento, alguien que vele por mi alma y haga las veces de mi conciencia moral, a un médico que me prescriba la dieta, etc., para que yo no tenga que tomarme tales molestias. No me hace falta pensar, siempre que pueda pagar; otros asumirán por mí tan engorrosa tarea. El que la mayor parte de los hombres (incluyendo a todo el bello sexo) consideren el paso hacia la mayoría de edad como algo harto peligroso, además de muy molesto, es algo por lo cual velan aquellos tutores que tan amablemente han echado sobre sí esa labor de superintendencia. Tras entontecer primero a su rebaño e impedir cuidadosamente que esas mansas criaturas se atrevan a dar un solo paso fuera de las andaderas donde han sido confinados, les muestran luego el peligro que les acecha cuando intentan caminar solos por su cuenta y riesgo. Mas ese peligro no es ciertamente tan enorme, puesto que finalmente <Ak. VIII 36> aprenderían a caminar bien \ después de dar unos cuantos tropezones; pero el ejemplo de un simple tropiezo basta para intimidar y suele servir como escarmiento para volver a intentarlo de nuevo.

Así pues, resulta difícil para cualquier individuo el zafarse de una minoría de edad que casi se ha convertido en algo connatural. Incluso se ha encariñado con ella y eso le hace sentirse realmente incapaz de utilizar su propio entendimiento, dado que nunca se le ha dejado hacer ese intento. Reglamentos y fórmulas, instrumentos mecánicos de un uso racional –o más bien abuso– de sus dotes naturales, constituyen los grilletes de una permanente minoría de edad. Quien lograra quitárselos acabaría dando un salto inseguro para salvar la más pequeña zanja, al no estar habituado a semejante libertad de movimientos. De ahí que sean muy pocos quienes han conseguido, gracias al cultivo de su propio ingenio, desenredar las ataduras que les ligaban a esa minoría de edad y caminar con paso seguro.

Sin embargo, hay más posibilidades de que un público se ilustre a sí mismo; algo que casi es inevitable, con tal de que se le conceda libertad. Pues ahí siempre nos encontraremos con algunos que piensen por cuenta propia incluso entre quienes han sido erigidos como tutores de la gente, los cuales, tras haberse desprendido ellos mismos del yugo de la minoría de edad, difundirán en torno suyo el espíritu de una estimación racional del propio valor y de la vocación a pensar por sí mismo. Pero aquí se da una circunstancia muy especial: aquel público, que previamente había sido sometido a tal yugo por ellos mismos, les obliga luego a permanecer bajo él, cuando se ve instigado a ello por algunos de sus tutores que son de suyo incapaces de toda ilustración; así de perjudicial resulta inculcar prejuicios, pues éstos acaban por vengarse de quienes fueron sus antecesores o sus autores. De ahí que un público sólo pueda conseguir lentamente la ilustración. Mediante una revolución acaso se logre derrocar un despotismo personal y la opresión generada por la codicia o la ambición, pero nunca logrará establecer una auténtica reforma del modo de pensar; bien al contrario, tanto los nuevos prejuicios como los antiguos servirán de rienda para esa enorme muchedumbre sin pensamiento alguno.

Para esta ilustración tan sólo se requiere *libertad* y, a decir verdad, la más inofensiva de cuantas pueden llamarse así: el hacer *uso público* de la propia razón en todos los terrenos. Actualmente oigo clamar por doquier: *¡No razones!* \ El oficial ordena: ¡No razones, adiéstrate! El asesor fiscal: ¡no razones y limítate a pagar tus impuestos! El consejero espiritual: ¡No razones, ten fe! (Sólo un único señor en el mundo dice: *razonad* cuanto queráis y sobre todo lo que gustéis, *mas no dejéis de obedecer.)* Impera por doquier una restricción de la libertad. Pero, ¿cuál es el límite que la obstaculiza y cuál es el que, bien al contrario, la promueve? He aquí mi respuesta: el uso *público* de su razón tiene que ser siempre libre y es el *único* que puede procurar ilustración entre los hombres; en cambio muy a menudo cabe restringir su *uso privado,* sin que por ello quede particularmente obstaculizado el progreso de la ilustración. Por uso público de la propia razón entiendo aquél que cualquiera puede hacer, *como alguien docto,* ante todo ese público que configura *el universo de los lectores.* Denomino uso privado al que cabe hacer de la propia razón en una determinada función o *puesto civil,* que se le haya confiado. En algunos asuntos encaminados al interés de la comunidad se hace necesario un cierto automatismo, merced al cual ciertos miembros de la comunidad tienen que comportarse pasivamente para verse orientados por el gobierno hacia fines públicos mediante una unanimidad artificial o, cuando menos, para que no perturben la consecución de tales metas. Desde luego, aquí no cabe razonar, sino que uno ha de obedecer. Sin embargo, en cuanto esta parte de la maquinaria sea considerada como miembro de una comunidad global e incluso cosmopolita y, por lo tanto, se considere su condición de alguien instruido que se dirige sensatamente a un público mediante sus escritos, entonces resulta obvio que puede razonar sin afectar con ello a esos asuntos en donde se vea parcialmente concernido como miembro pasivo. Ciertamente, resultaría muy pernicioso que un oficial, a quien sus superiores le hayan ordenado algo, pretendiese sutilizar en voz alta y durante el servicio sobre la conveniencia o la utilidad de tal orden; tiene que obedecer. Pero en justicia no se le puede prohibir que, como experto, haga observaciones acerca de los defectos del servicio militar y los presente ante su público para ser enjuiciados. El ciudadano no puede negarse a pagar los impuestos que se le hayan asignado; e incluso una indiscreta crítica hacia tales tributos al ir a satisfacerlos quedaría penalizada como un escándalo (pues podría originar una insubordinación generalizada). A pesar de lo cual, él mismo no actuará contra el deber de un ciudadano si, en tanto que especialista, expresa \ públicamente sus tesis contra la <Ak. VIII 38> inconveniencia o la injusticia de tales impuestos. Igualmente, un sacerdote está obligado a hacer sus homilías, dirigidas a sus catecúmenos y feligreses, con arreglo al credo de aquella Iglesia a la que sirve; puesto que fue aceptado en ella bajo esa condición. Pero en cuanto persona docta tiene plena libertad, además de la vocación para hacerlo así, de participar al público todos sus bienintencionados y cuidadosamente revisados pensamientos sobre las deficiencias de aquel credo, así como sus propuestas tendentes a mejorar la implantación de la religión y la comunidad eclesiástica. En esto tampoco hay nada que pudiese originar un cargo de conciencia. Pues lo que enseña en función de su puesto, como encargado de los asuntos de la Iglesia, será presentado como algo con respecto a lo cual él no tiene libre potestad para enseñarlo según su buen parecer, sino que ha sido emplazado a exponerlo según una prescripción ajena y en nombre de otro. Dirá: nuestra Iglesia enseña esto o aquello; he ahí los argumentos de que se sirve. Luego extraerá para su parroquia todos los beneficios prácticos de unos dogmas que él mismo no suscribiría con plena convicción, pero a cuya exposición sí puede comprometerse, porque no es del todo imposible que la verdad subyazca escondida en ellos o, cuando menos, en cualquier caso no haya nada contradictorio con la religión íntima. Pues si creyese encontrar esto último en dichos dogmas, no podría desempeñar su cargo en conciencia; tendría que dimitir. Por consiguiente, el uso de su razón que un predicador comisionado a tal efecto hace ante su comunidad es meramente un *uso privado;* porque, por muy grande que sea ese auditorio, siempre constituirá una reunión doméstica; y bajo este respecto él, en cuanto sacerdote, no es libre, ni tampoco le cabe serlo, al estar ejecutando un encargo ajeno. En cambio, como alguien docto que habla mediante sus escritos al público en general, es decir, al mundo, dicho sacerdote disfruta de una libertad ilimitada en el *uso público* de su razón, para servirse de su propia razón y hablar en nombre de su propia persona. Que los tutores del pueblo (en asuntos espirituales) deban ser a su vez menores de edad constituye un absurdo que termina por perpetuar toda suerte de disparates.

Ahora bien, ¿acaso una asociación eclesiástica –cual una especie de sínodo o (como se autodenomina entre los holandeses) grupo venerable– no debiera estar autorizada a juramentarse sobre cierto credo inmutable, para ejercer una suprema e incesante tutela sobre cada uno de sus miembros y, a través suyo, sobre \ el pueblo, a fin de eternizarse? Yo mantengo <Ak. VIII 39> que tal cosa es completamente imposible. Semejante contrato, que daría por cancelada para siempre cualquier ilustración ulterior del género humano, es absolutamente nulo e inválido; y seguiría siendo así, aun cuando quedase ratificado por el poder supremo, la dieta imperial y los más solemnes tratados de paz. Una época no puede aliarse y conjurarse para dejar a la siguiente en un estado en que no le haya de ser posible ampliar sus conocimientos (sobre todo los más apremiantes), rectificar sus errores y en general seguir avanzando hacia la ilustración. Tal cosa supondría un crimen contra la naturaleza humana, cuyo destino primordial consiste justamente en ese progresar; y la posteridad estaría por lo tanto perfectamente legitimada para recusar aquel acuerdo adoptado de un modo tan incompetente como ultrajante. La piedra de toque de todo cuanto puede acordarse como ley para un pueblo se cifra en esta cuestión: ¿acaso podría un pueblo imponerse a sí mismo semejante ley? En orden a establecer cierta regulación podría quedar estipulada esta ley, a la espera de que haya una mejor lo antes posible: que todo ciudadano y especialmente los clérigos sean libres en cuanto expertos para expresar públicamente, o sea, mediante escritos, sus observaciones sobre los defectos de la actual institución; mientras tanto el orden establecido perdurará hasta que la comprensión sobre la índole de tales cuestiones se haya extendido y acreditado públicamente tanto como para lograr, mediante la unión de sus voces (aunque no sea unánime), elevar hasta el trono una propuesta para proteger a esos colectivos que, con arreglo a sus nociones de una mejor comprensión, se hayan reunido para emprender una reforma institucional en materia de religión, sin molestar a quienes prefieran conformarse con el antiguo orden establecido. Pero es absolutamente ilícito ponerse de acuerdo sobre la persistencia de una constitución religiosa que nadie pudiera poner en duda públicamente, ni tan siquiera para el lapso que dura la vida de un hombre, porque con ello se anula y esteriliza un período en el curso de la humanidad hacia su mejora, causándose así un grave perjuicio a la posteridad. Un hombre puede postergar la ilustración para su propia persona y sólo por algún tiempo en aquello que le incumbe saber; pero renunciar a ella significa por lo que atañe a su persona, pero todavía más por lo que concierne a la posteridad, vulnerar y pisotear los sagrados derechos de la humanidad. Mas lo que a un pueblo no le resulta lícito decidir sobre sí mismo, \ menos aún le cabe decidirlo a un monarca sobre el pueblo; porque su autoridad legislativa descansa precisamente en que reúne la voluntad íntegra del pueblo en la suya propia. A este respecto, si ese monarca se limita a hacer coexistir con el ordenamiento civil cualquier mejora presunta o auténtica, entonces dejará que los súbditos hagan cuanto encuentren necesario para la salvación de su alma; esto es algo que no le incumbe en absoluto, pero en cambio sí le compete impedir que unos perturben violentamente a otros, al emplear toda su capacidad en la determinación y promoción de dicha salvación. El monarca daña su propia majestad cuando se inmiscuye sometiendo al control gubernamental los escritos en que sus súbditos intentan clarificar sus opiniones, tanto si lo hace por considerar superior su propio criterio, con lo cual se hace acreedor del reproche: *Caesar non est supra Grammaticos,* como –mucho más todavía– si humilla su poder supremo al amparar, dentro de su Estado, el despotismo espiritual de algunos tiranos frente al resto de sus súbditos.

<Ak. VIII 40>

Si ahora nos preguntáramos: ¿acaso vivimos actualmente en una época *ilustrada?*, la respuesta sería: ¡No!, pero sí vivimos en una época de *Ilustración.* Tal como están ahora las cosas todavía falta mucho para que los hombres, tomados en su conjunto, puedan llegar a ser capaces o estén ya en situación de utilizar su propio entendimiento sin la guía de algún otro en materia de religión. Pero sí tenemos claros indicios de que ahora se les ha abierto el campo para trabajar libremente en esa dirección y que también van disminuyendo paulatinamente los obstáculos para una ilustración generalizada o el abandono de una minoría de edad de la cual es responsable uno mismo. Bajo tal mirada *esta* época nuestra puede ser llamada «época de la Ilustración» o también «el Siglo de *Federico*».

Un príncipe que no considera indigno de sí reconocer como un *deber* suyo el no prescribir a los hombres nada en cuestiones de religión, sino que les deja plena libertad para ello e incluso rehúsa el altivo nombre de *tolerancia,* es un príncipe ilustrado y merece que el mundo y la posteridad se lo agradezcan, ensalzándolo por haber sido el primero en haber librado al género humano de la minoría de edad, cuando menos por parte del gobierno, dejando libre a cada cual para servirse de su propia razón en todo cuanto tiene que ver con la conciencia. Bajo este príncipe se permite a venerables clérigos que, como personas doctas, expongan libre y públicamente al <Ak. VIII 41> examen del mundo unos juicios y evidencias que \ se desvían aquí o allá del credo asumido por ellos sin menoscabar los deberes de su cargo; tanto más aquel otro que no se halle coartado por obligación profesional alguna. Este espíritu de libertad se propaga también hacia el exterior, incluso allí donde ha de luchar contra los obstáculos externos de un gobierno que se comprende mal a sí mismo. Pues ante dicho gobierno resplandece un ejemplo de que la libertad no conlleva preocupación alguna por la tranquilidad pública y la unidad de la comunidad. Los hombres van abandonando poco a poco el estado de barbarie gracias a su propio esfuerzo, con tal de que nadie ponga un particular empeño por mantenerlos en la barbarie.

He colocado el epicentro de la ilustración, o sea, el abandono por parte del hombre de aquella minoría de edad respecto de la cual es culpable él mismo, en *cuestiones religiosas,* porque nuestros mandatarios no suelen tener interés alguno en oficiar como tutores de sus súbditos en lo que atañe a las artes y las ciencias; y porque además aquella minoría de edad es asimismo la más nociva e infame de todas ellas. Pero el modo de pensar de un jefe de Estado que favorece esta primera Ilustración va todavía más lejos y se da cuenta de que, incluso con respecto a su *legislación,* tampoco entraña peligro alguno el consentir a sus súbditos que hagan un uso *público* de su propia razón y expongan públicamente al mundo sus pensamientos sobre una mejor concepción de dicha legislación, aun cuando critiquen con toda franqueza la que ya ha sido promulgada; esto es algo de lo cual poseemos un magnífico ejemplo, por cuanto ningún monarca ha precedido a ése al que nosotros honramos aquí.

Pero sólo aquel que, precisamente por ser ilustrado, no teme a las sombras, al tiempo que tiene a mano un cuantioso y bien disciplinado ejército para tranquilidad pública de los ciudadanos, puede decir aquello que a un Estado libre no le cabe atreverse a decir: *razonad cuanto queráis y sobre todo cuanto gustéis, ¡con tal de que obedezcáis!* Aquí se revela un extraño e inesperado curso de las cosas humanas; tal como sucede ordinariamente, cuando ese decurso es considerado en términos globales, casi todo en él resulta paradójico. Un mayor grado de libertad civil parece provechosa para la libertad *espiritual* del pueblo y, pese a ello, le coloca límites infranqueables; en cambio un grado menor de esa libertad civil procura el ámbito para que esta libertad espiritual se despliegue con arreglo a toda su potencialidad. Pues, cuando la naturaleza ha desarrollado bajo tan duro tegumento ese germen que cuida con extrema ternura, a saber, la propensión y la vocación hacia el *pensar* libre, ello repercute sobre la mentalidad del pueblo (merced a lo cual éste va haciéndose cada vez más apto para la *libertad de actuar*) y finalmente acaba por tener un efecto retroactivo hasta sobre los principios del gobierno, el cual incluso termina por encontrar <Ak. VIII 42> conveniente \ tratar al hombre, quien ahora es algo *más que una máquina,* conforme a su dignidad.

Königsberg (Prusia), 30 de septiembre de 1784.

Idea para una historia universal en clave cosmopolita*[1]

* Cierto pasaje aparecido entre los anuncios breves del fascículo número 12 de la *Gaceta Académica de Gotha*[2] y que fue tomado sin duda de mi conversación con un docto viajero en tránsito, me impone hacer la presente aclaración, sin la cual dicho pasaje no tendría un sentido comprensible.

1. Reviso aquí la versión realizada con Concha Roldán y que fue publicada por la editorial Tecnos (Madrid, 1987), donde tuvo varias reimpresiones. [*N. T.*]

2. En la *Gaceta Académica de Gotha* correspondiende al mes de febrero del año 1784 se anunciaba que Johann Schulz, a la sazón capellán mayor de la corte, estaba ocupado en traducir la *Crítica de la razón pura* a un lenguaje más asequible para el público en general, añadiéndose luego lo siguiente: «Una idea predilecta del profesor Kant es que la meta del género humano es el logro de una constitución política lo más perfecta posible y le gustaría que un historiador filosófico tratara de suministrarnos una historia de la humanidad bajo este respecto, mostrando cuánto se ha aproximado la humanidad hacia esa meta o cuánto se ha alejado de ella en las diferentes épocas, así como lo que aún ha de hacer por alcanzarla» (p. 95). Esta alusión le haría publicar su *Idea para una historia universal en clave cosmopolita* en el número 11 de ese mismo año de la *Revista Mensual de Berlín*. [*N. T.*]

Al margen del concepto que uno pueda forjarse con <Ak. VIII 17> un propósito metafísico sobre la *libertad de la voluntad,* sus *fenómenos,* las acciones humanas, se hallan tan determinados como cualquier otro suceso natural según leyes universales de la naturaleza. La historia, que se ocupa de narrar estos fenómenos, nos hace abrigar la esperanza de que, por muy profundamente ocultas que puedan estar las causas de tales fenómenos, cuando la historia contempla el juego de la libertad humana *en bloque,* acaso pueda descubrir un curso regular, de suerte que cuanto salta a la vista como enmarañado e irregular en los sujetos individuales bien pudiera reconocerse en el conjunto de la especie como una continua evolución progresiva, aunque lenta, de sus disposiciones originarias. Así, los enlaces matrimoniales, los nacimientos que resultan de ellos y las defunciones, dado que la libre voluntad del hombre tiene tan gran influjo sobre ellos, parecen no hallarse sometidos a regla alguna según la cual pueda calcularse de antemano su número y, sin embargo, las estadísticas anuales demuestran que en los países grandes acontecen según leyes naturales constantes, tal y como los veleidosos climas, cuya incidencia individual no puede ser determinada de antemano, globalmente no cesan de mantener el crecimiento de las plantas, el curso de las aguas y otros fenómenos naturales en un proceso regular e ininterrumpido. Poco imaginan los hombres (en tanto que individuos e incluso como pueblos) que, al perseguir cada cual su propia intención según su parecer y a menudo en contra de los otros, siguen sin advertirlo –como un hilo conductor– la intención de la Naturaleza, que les es desconocida, y trabajan en pro de la misma, siendo así que, de conocerla, les importaría bien poco.

Dado que los hombres no se comportan en sus aspiraciones de un modo meramente instintivo –como animales– ni tampoco como ciudadanos racionales del mundo, según un plan globalmente concertado, no parece que sea posible una historia de la humanidad conforme a un plan (como lo sería, por ejemplo, la de las abejas o la de los castores). No puede uno librarse de cierta indignación al observar su actuación en la escena del gran teatro del mundo, pues, aun cuando \ aparezcan destellos de prudencia en algún que otro caso aislado, haciendo balance del conjunto se diría que todo ha sido urdido por una locura y una vanidad infantiles e incluso, con frecuencia, por una maldad y un afán destructivo asimismo pueriles;

<Ak. VIII 18>

de suerte que, a fin de cuentas, no sabe uno qué idea debe hacerse sobre tan engreída especie. En este orden de cosas, al filósofo no le queda otro recurso –puesto que no puede presuponer en los hombres y su actuación global ningún *propósito* racional *propio*– que intentar descubrir en este absurdo decurso de las cosas humanas una *intención de la Naturaleza,* a partir de la cual sea posible una historia de criaturas tales que, sin conducirse con arreglo a un plan propio, sí lo hagan conforme a un determinado plan de la Naturaleza. Vamos a ver si logramos encontrar un hilo conductor para diseñar una historia semejante, dejando en manos de la Naturaleza el engendrar al hombre que habrá de componerla más tarde sobre esa base; de la misma manera que produjo un Kepler, el cual sometió de forma inesperada las formas excéntricas de los planetas a leyes determinadas y, posteriormente, a un Newton que explicó esas leyes mediante una causa universal de la naturaleza.

Primer principio

Todas las disposiciones naturales de una criatura están destinadas a desarrollarse alguna vez completamente y con arreglo a un fin. Esto se confirma en todos los animales tanto por la observación externa como por la interna o analítica. Un órgano que no debe ser utilizado, una disposición que no alcanza su finalidad, supone una contradicción dentro de la doctrina teleológica de la Naturaleza. Y si renunciáramos a ese principio, ya no tendríamos una Naturaleza que actúa conforme a leyes, sino una Naturaleza que no conduce a nada, viniendo entonces a ocupar una desazonante casualidad el puesto del hilo conductor de la razón.

Segundo principio

En el hombre (como única criatura racional sobre la tierra) *aquellas disposiciones naturales que tienden al uso de su razón sólo deben desarrollarse por completo en la especie, mas no en el individuo.* La razón es en una criatura la capacidad de ampliar las reglas e intenciones del uso de todas sus fuerzas por encima del <Ak. VIII 19> instinto natural, y no \ conoce límite alguno a sus proyectos. Ahora bien, ella misma no actúa instintivamente, sino que requiere tanteos, entrenamiento e instrucción, para ir progresando paulatinamente de un estadio a otro del conocimiento. De ahí que cada hombre habría de vivir un lapso de tiempo desmesuradamente largo para aprender cómo emplear cabalmente sus disposiciones naturales; en otro caso, si la Naturaleza sólo ha fijado un breve plazo a su vida (como ocurre de hecho), ella precisa entonces de una serie acaso interminable de generaciones que se transmitan la una a la otra su ilustración, para terminar por conducir los gérmenes depositados en nuestra especie hasta aquel grado de desarrollo que resulta plenamente adecuado a su intención. Y este momento tiene que constituir, al menos en la idea del hombre, la meta de sus esfuerzos, ya que de lo contrario la mayor parte de las disposiciones naturales tendrían que ser consideradas como superfluas y carentes de finalidad alguna; algo que suprimiría todos los principios prácticos y haría sospechosa a la Naturaleza –cuya sabiduría tiene que servir como principio en el enjuiciamiento de cualquier otra instancia– de estar practicando un juego pueril sólo en lo que atañe al hombre.

Tercer principio

La Naturaleza ha querido que el hombre extraiga por completo de sí mismo todo aquello que sobrepasa la estructuración mecánica de su existencia animal y que no participe de otra felicidad o perfección que la que él mismo, libre del instinto, se haya procurado por medio de la propia razón. Ciertamente, la Naturaleza no hace nada superfluo ni es pródiga en el uso de los medios para sus fines. Por ello, el haber dotado al hombre de razón y de la libertad de la voluntad que en ella se funda, constituía ya un claro indicio de su propósito con vistas a tal equipamiento. El hombre no debía ser dirigido por el instinto o sustentado e instruido por conocimientos innatos; antes bien, debía extraerlo todo de sí mismo. La invención de sus productos alimenticios, de su cobijo, de su seguridad y defensa exteriores (para lo cual la Naturaleza no lo dotó de los cuernos del toro, de las garras del león ni de la dentadura del perro, sino de simples manos), cualquier deleite que pueda hacer grata la vida, hasta su inteligencia y astucia e incluso el carácter benigno de su voluntad, debían ser enteramente obra suya. En este caso la Naturaleza parece haberse autocomplacido en su mayor economía y haber adaptado su equi-

<Ak. VIII 20>

pamiento animal \ de un modo tan ceñido, tan ajustado a la suma necesidad de una existencia inicial, como si quisiera que cuando el hombre se haya elevado desde la más vasta tosquedad hasta la máxima destreza, hasta la perfección interna del modo de pensar y, por ende, hasta la felicidad (tanto como es posible sobre la tierra), a él solo le corresponda por entero el mérito de todo ello y sólo a sí mismo deba agradecérselo, habiendo antepuesto su *autoestimación* racional al bienestar, pues en ese transcurso de los asuntos humanos hay una multitud de penalidades que aguardan a los hombres. Se diría que a la Naturaleza no le ha importado en absoluto que el hombre viva bien, sino más bien que se vaya abriendo camino para hacerse digno, por medio de su comportamiento, de la vida y del bienestar. A este respecto siempre resultará extraño que las viejas generaciones parezcan afanarse trabajosamente sólo en pro de las generaciones posteriores, para preparar a éstas un nivel desde el que puedan seguir erigiendo el edificio que la Naturaleza ha proyectado; en verdad sorprende que sólo las generaciones postreras deban tener la dicha de habitar esa mansión por la que una larga serie de antepasados (ciertamente sin albergar ese propósito) han venido trabajando sin poder participar ellos mismos en la dicha que propiciaban. Pero, por enigmático que sea esto, se hace al mismo tiempo imprescindible, partiendo de la base de que una especie animal debe hallarse dotada de razón y que, como clase de seres racionales cuya especie es inmortal aunque mueran todos y cada uno de sus componentes, debe conseguir a pesar de todo consumar el desarrollo de sus disposiciones.

Cuarto principio

El medio del que se sirve la Naturaleza para llevar a cabo el desarrollo de todas sus disposiciones es el antagonismo de las mismas dentro de la sociedad, en la medida en que ese antagonismo acaba por convertirse en la causa de un orden legal de aquellas disposiciones. Entiendo aquí por antagonismo la *insociable sociabilidad* de los hombres, esto es, el que su propensión a vivir en sociedad sea inseparable de una hostilidad que amenaza constantemente con disolver esa sociedad. Que tal disposición subyace a la naturaleza humana es algo bastante obvio. El hombre tiene una inclinación a *socializarse,* porque en tal estado siente más su condición de hombre \ al experimentar el desarrollo de sus disposiciones naturales. Pero también tiene una fuerte propensión a *separarse* (aislarse), porque encuentra simultáneamente en sí mismo la insociable cualidad de querer doblegar todo a su mero capricho y, como se sabe inclinado a oponerse a los demás, espera hallar esa misma resistencia por doquier. Pues bien, esta resistencia es aquello que des-

<Ak. VIII 21>

pierta todas las fuerzas del hombre y le hace vencer su propensión a la pereza, impulsándole por medio de la ambición, el afán de dominio o la codicia, a procurarse una posición entre sus congéneres, a los que no puede *soportar,* pero de los que tampoco es capaz de *prescindir.* Así se dan los auténticos primeros pasos desde la barbarie hacia la cultura, la cual consiste propiamente en el valor social del hombre; de este modo van desarrollándose poco a poco todos los talentos, así va formándose el gusto e incluso, mediante una continua ilustración, comienza a constituirse un modo de pensar que, andando el tiempo, puede transformar la tosca disposición natural hacia la disquisición ética en principios prácticos determinados y, finalmente, transformar un consenso social urgido *patológicamente* en un conjunto *moral.* Sin aquellos atributos ciertamente poco amables de la insociabilidad, de donde nace la resistencia que cada cual ha de encontrar necesariamente junto a sus pretensiones egoístas, todos los talentos quedarían eternamente ocultos en su germen, en medio de una arcádica vida de pastores donde reinarían la más perfecta armonía, la frugalidad y el conformismo, de suerte que los hombres serían tan bonachones como las ovejas que pastorean, proporcionando así a su existencia un valor no mucho mayor que el detentado por su animal doméstico y, por lo tanto, no llenaría el vacío de la creación atendiendo a su fin como Naturaleza racional. ¡Demos, pues, gracias a la Naturaleza por la incompatibilidad, por la envidiosa vanidad que nos hace rivalizar, por el anhelo insaciable de acaparar o incluso de dominar! Sin ello todas las excelentes disposiciones naturales depositadas en la humanidad dormitarían eternamente sin llegar a desarrollarse jamás. El hombre quiere concordia, pero la Naturaleza sabe mejor lo que es bueno para su especie y quiere discordia. El hombre pretende vivir cómoda y placenteramente, mas la Naturaleza decide que debe abandonar la laxitud y el ocioso conformismo, entregándose al trabajo y padeciendo las fatigas que sean precisas para encontrar prudentemente los medios de sustraerse a tales penalidades. Los móviles naturales encaminados a este fin, las fuentes de la insociabilidad y de la resistencia generalizada, de donde manan tantos males, pero que también incitan a una nueva tensión de las fuerzas y por lo tanto a un mayor \ desarrollo de las disposiciones naturales, revelan la organización de un sabio creador, y no algo así como la mano chapucera de un genio maligno que arruinaría su magnífico dominio por pura envidia. <Ak. VIII 22>

Quinto principio

El mayor problema para la especie humana, a cuya solución le fuerza la Naturaleza, es *la instauración de una sociedad civil que administre universalmente el derecho.* Dado que sólo en la sociedad, y ciertamente en aquélla donde se dé la mayor libertad, o sea, un antagonismo generalizado de sus miembros junto a la más escrupulosa determinación y protección de los límites de esa libertad para que pueda coexistir con la libertad de los demás, como sólo en ella puede alcanzarse en la humanidad el propósito más elevado de la Naturaleza, a saber, el desarrollo de todas sus disposiciones, la Naturaleza también quiere que la humanidad deba procurarse por sí misma este fin, al igual que todos los demás fines de su destino: así, una sociedad en la que *la libertad bajo leyes externas* se encuentre vinculada en el mayor grado posible con un poder irresistible, esto es, una *constitución civil* perfectamente *justa,* tiene que ser la tarea más alta de la naturaleza para con la especie humana, ya que la naturaleza sólo puede alcanzar el resto de sus designios para con nuestra especie proporcionando una solución a dicha tarea y ejecutándola. La necesidad le obliga al hombre, tan proclive sin embargo a la libertad sin ataduras, a ingresar en ese estado de coerción y tal necesidad es en verdad la mayor de todas, a saber, la que se infligen mutuamente a sí mismos los hombres, cuyas inclinaciones hacen que no puedan coexistir durante mucho tiempo en salvaje libertad. Sólo en un recinto como el de la sociedad civil esas mismas inclinaciones producirán el mejor resultado: tal como los árboles en un bosque, justamente porque cada uno intenta quitarle al otro el aire y el sol, obligándose mutuamente a buscar ambos por encima de sí, logran un hermoso y recto crecimiento, en lugar de crecer atrofiados, torcidos o encorvados como aquellos que extienden caprichosamente sus ramas en libertad y apartados de los otros; de modo semejante, toda la cultura y el arte que adornan a la humanidad, así como el más bello orden social, son frutos de la insociabilidad merced a la cual la humanidad se ve obligada a autodisciplinarse y a desarrollar plenamente los gérmenes de la naturaleza gracias a tan imperioso arte. \

Sexto principio

<Ak. VIII 23>

Este problema es al mismo tiempo el más difícil y el que más tardíamente será resuelto por la especie humana. La dificultad, que ya pone de manifiesto la mera idea de esa tarea, es la siguiente: el hombre es un *animal al que, cuando vive entre los de su especie, le hace falta un señor.* Pues a ciencia cierta abusa de su libertad con respecto a sus semejantes y, aunque como criatura racional desea una ley que ponga límites a la libertad de todos, su egoísta inclinación animal le induce a exceptuarse a sí mismo a la menor ocasión. Precisa por tanto de un *señor* que quebrante su propia voluntad y le obligue a obedecer a una voluntad universalmente válida con la que cada cual pueda ser libre. Mas, ¿de dónde toma este señor? De ninguna otra parte que no sea la especie humana. Pero asimismo éste será un animal al que a su vez le hace falta un señor. Así pues, sea cual sea el punto de partida, no se concibe bien cómo pueda el hombre procurarse un jefe de la justicia pública que sea justo él mismo, resultando indiferente en este sentido que se trate de una sola persona o de un grupo escogido a tal efecto, pues todos y cada uno abusarán siempre de su libertad, si no tienen por encima de sí a nadie que ejerza el poder conforme a leyes. El jefe supremo debe ser, sin embargo, justo *por sí mismo* sin dejar de ser un *hombre*. Por eso esta tarea es la más difícil de todas y su solución perfecta es imposible: de una madera tan retorcida como de la que está hecho el hombre no puede tallarse nada enteramente recto. La Naturaleza sólo nos ha impuesto la aproximación a esa idea*. Que tal empresa será realizada postreramente se deduce del hecho de que, además de conceptos precisos en torno a la naturaleza de una constitución posible, se requerirá una gran experiencia ejercitada por un dilatado transcurso del mundo y, sobre todo, una buena voluntad dispuesta a aceptar dicha constitución; sin embargo, es muy difícil que se puedan dar a la vez estos tres elementos y, de ocurrir, sólo será muy tardíamente, tras muchos intentos fallidos. \

<Ak. VIII 24>

Séptimo principio

El problema del establecimiento de una constitución civil perfecta depende a su vez del problema de una reglamentación de las relaciones interestatales y no puede ser resuelto sin solucionar previamente esto último. Pues, de qué sirve trabajar en pro de una constitución

---

* El papel del hombre es por tanto muy artificioso. No sabemos cómo están dispuestas las cosas para los habitantes de otros planetas y su Naturaleza, pero si nosotros cumpliéramos bien con esta misión de la Naturaleza bien podríamos pretender ocupar entre nuestros vecinos del cosmos una posición nada desdeñable. Acaso entre ellos cada individuo pueda alcanzar su destino durante su vida. Entre nosotros sucede de otra manera: sólo la especie puede esperar tal cosa.

civil conforme a leyes interindividuales, esto es, en pro de la organización de una *comunidad,* cuando esa misma insociabilidad que forzó a los hombres a obrar así es, nuevamente, la causa de que cada comunidad esgrima una libertad desenfrenada en sus relaciones exteriores, es decir, en cuanto Estado que se relaciona con otros Estados y, por consiguiente, cada uno de ellos tiene que esperar por parte del otro justamente los males que empujaron y obligaron los individuos a ingresar en un estado civil sujeto a reglas. La Naturaleza ha utilizado por tanto nuevamente la incompatibilidad de los hombres, cifrada ahora en la incompatibilidad de las grandes sociedades y cuerpos políticos de esta clase de criaturas, como un medio para descubrir en su inevitable *antagonismo* un estado de calma y seguridad; es decir, que a través de las guerras y sus exagerados e incesantes preparativos, mediante la indigencia que por esta causa ha de acabar experimentando internamente todo Estado incluso en tiempos de paz, la Naturaleza les arrastra, primero a intentos fallidos, pero finalmente, tras muchas devastaciones, tropiezos e incluso la total consunción interna de sus fuerzas, a lo que la razón podría haberles indicado sin necesidad de tantas y tan penosas experiencias, a saber: abandonar el estado sin ley propio de los salvajes e ingresar en una confederación de pueblos, dentro de la cual aun el Estado más pequeño pudiera contar con que tanto su seguridad como su derecho no dependiera de su propio poderío o del propio dictamen jurídico, sino únicamente de esa gran confederación de pueblos *(foedus amphictyonum),* de un poder unificado y de la decisión conforme a leyes de la voluntad común. Por muy extravagante que parezca esta idea, ridiculizada como tal en un Abbé de Saint Pierre[3] o en un Rousseau[4] (quizá porque creyeron que su realización era inminente), sin embargo, dicha idea constituye la salida inevitable de la necesidad, en que se colocan mutuamente los hombres, que ha de forzar a los Estados a tomar (por muy cuesta arriba que ello se les antoje) esa misma resolución a la que se vio forzado tan a pesar suyo el hombre salvaje, a saber: renunciar a su brutal libertad y buscar calma y seguridad en el marco legal de una constitución. Así pues, la guerra supone un intento (ciertamente no en el propósito de los hombres, pero sí en el \ propósito de la Naturaleza) de promover nuevas relaciones entre los Estados y, mediante la destrucción o cuando menos desmembración de todos ellos, configurar nuevos cuerpos políticos, los cuales, al no poder subsistir tampoco en sí mismos o junto a otros, tienen que padecer nuevas revoluciones análogas a las anteriores; hasta que finalmente, gracias en parte a la óptima organización de la constitución civil interna y en parte también a la legislación exterior fruto de un consenso colectivo, se alcanzará un estado de cosas que, de modo similar a una comunidad civil, se conserve a sí mismo como un *autómata.* Ahora bien, si debe esperarse de una con-

<Ak. VIII 25>

---

3. El Abbé Charles-Irenée Castel de Saint-Pierre (1658-1743) publicó su *Projet de paix perpétuelle* en Utrecht el año 1713. [*N. T.*]
4. El *Extrait du projet de paix perpétuelle de M. l'Abbé de Saint-Pierre* de Jean-Jacques Rousseau data de 1760. [*N. T.*]

fluencia *epicúrea* de causas eficientes que, tal como hacen los átomos de la materia, los Estados ensayen por medio de su colisión casual toda suerte de configuraciones que vuelvan a ser destruidas mediante un nuevo choque, hasta que finalmente logren *por casualidad* una configuración capaz de persistir en su forma (¡una feliz coincidencia que difícilmente se dará nunca!), o, si más bien, debe conjeturarse que la Naturaleza sigue aquí un curso regular que conduce paulatinamente a nuestra especie desde el nivel inferior de la animalidad hasta el nivel supremo de la humanidad y, ciertamente, por medio de un arte propio, aunque impuesto al hombre, desarrolla en medio de este aparente desorden salvaje aquellas disposiciones originarias de un modo completamente regular, o si se prefiere que de todas estas acciones y reacciones de los hombres en su conjunto no resulte absolutamente nada o, al menos, nada sensato, es decir, que todo permanezca como hasta ahora ha sido y que por tanto no se puede predecir si la discordia, tan connatural a nuestra especie, no nos tiene preparado al final incluso en un estado tan civilizado un infierno de males en el que acaso dicha discordia aniquilará de nuevo mediante una bárbara destrucción ese mismo estado y todos los progresos conseguidos hasta el momento por la cultura (un destino al que no se puede hacer frente bajo el gobierno del ciego azar, con el cual viene a identificarse de hecho la libertad sin ley, a no ser que se le someta a una secreta sabiduría enhebrándole un hilo conductor de la Naturaleza); en cualquier caso cabe preguntar: ¿acaso es razonable admitir que la Naturaleza observe una *finalidad* en las partes mas no en todo? Lo que hizo el estado sin finalidad de los salvajes, al reprimir todas las disposiciones naturales en nuestra especie hasta que, finalmente, a causa de los males en que dicho estado sumía a la especie, sus miembros se vieron obligados a abandonarlo e ingresar en una constitución civil donde esos gérmenes <Ak. VIII 26> pueden ser desarrollados, \ viene a ser lo mismo que cuanto hace la bárbara libertad de los Estados ya civilizados, a saber, obstruir el pleno desarrollo progresivo de sus disposiciones naturales al emplear todas las fuerzas de la comunidad en armamentos contra los otros, por causa de la devastación que acarrea toda guerra y más aún por la necesidad de mantenerse en un continuo estado de alerta; mas también ahora los males que se originan de todo ello obligan a nuestra especie a buscar en esa mutua resistencia de muchos Estados, resistencia provechosa en sí misma y que surge de su libertad, una ley del equilibrio y un poder unificado que la respalde, forzándoles por consiguiente a establecer un Estado cosmopolita de la seguridad estatal pública, el cual no carece de *peligro,* para que las fuerzas de la humanidad no se duerman, pero tampoco adolece de un principio de *igualdad* en sus recíprocos *acción y reacción,* para que no se destruyan mutuamente. Antes de dar este último paso (una confederación de Estados), o sea, casi hacia la mitad de su formación, la naturaleza humana sufre las más penosas calamidades bajo la engañosa apariencia de un bienestar externo; de modo que Rousseau no andaba tan desencaminado al encontrar preferible ese estado de los salvajes, siempre y cuando no se tenga en cuenta esta última etapa que todavía le queda por remontar a nuestra especie. Gracias al arte y la ciencia somos extraordinariamente *cultos*. Estamos *civilizados* hasta la exageración en lo que atañe a todo tipo de cortesía social y a los buenos modales. Pero para considerarnos *moralizados* queda todavía mucho. Pues si bien la idea de la moralidad forma parte de la cultura, sin embargo, la aplicación de tal idea, al acabar reduciéndose a esos análogos de lo moral que son el honor y los buenos modales externos, no deja de ser mera civilización. Mientras los Estados malgasten todas sus fuerzas en sus vanos y violentos intentos de expansión, al obstruir continuamente el lento esfuerzo de la formación interna del modo de pensar de sus ciudadanos, privándoles de todo apoyo en este propósito, no cabe esperar nada de esta índole: porque para ello se requiere una vasta transformación interna de cada comunidad en orden a la formación de sus ciudadanos. Mas todo bien que no esté injertado en una intención moralmente buena no es más que pura apariencia y deslumbrante miseria. Y en esta situación permanecerá el género humano hasta que, del modo que he dicho, haya salido de la caótica situación en que se encuentran sus relaciones interestatales. \

Octavo principio

<Ak. VIII 27>

Se puede considerar la historia de la especie humana en su conjunto como la ejecución de un plan oculto de la

Naturaleza para llevar a cabo una constitución interior y, a tal fin, exteriormente perfecta, como el único estado en el que puede desarrollar plenamente todas sus disposiciones en la humanidad. Este principio es un corolario del anterior. Como se ve, la filosofía también puede tener su quiliasmo[5], pero un quiliasmo tal a cuyo advenimiento pueda contribuir, si bien remotamente, su propia idea, un quiliasmo que, por lo tanto, no es ni mucho menos quimérico. Todo depende únicamente de si la experiencia descubre algún indicio de un curso semejante del propósito de la Naturaleza. El caso es que a mi modo de ver descubre *muy pocos,* pues esta órbita parece requerir tanto tiempo hasta clausurarse que, partiendo del pequeño tramo que la humanidad ha recorrido en tal sentido, sólo cabe determinar la configuración de su trayectoria y la relación de las partes con el todo de un modo tan incierto a como, en base a las observaciones celestes realizadas hasta el momento, se puede determinar el curso que nuestro sol sigue junto a su gran cohorte de satélites en el gran sistema de las estrellas fijas; si bien, después de todo, a partir del fundamento universal de la estructura sistemática del cosmos y de lo poco que se ha observado, cabe conjeturar con bas-

---

5. Este vocablo se deriva de la voz griega χίλιοι (que significa «mil») y los llamados «quiliastas» defendieron en el siglo XII una de tantas doctrinas milenaristas, según la cual los escogidos vivirían mil años tras el advenimiento de Cristo. Kant emplea esta palabra en el marco de su filosofía de la historia, donde se nos habla de un progreso asintótico, esto es, de un decurso cuyo desenlace se ve transferido al horizonte de un remoto futuro. [*N. T.*]

tante certeza la realidad de una órbita semejante. De otro lado, resulta consustancial a la naturaleza humana el no mostrarse indiferente ni siquiera ante la consideración de las épocas más remotas a que nuestra especie debe llegar, siempre que pueda ser esperado con seguridad. Esto vale tanto más en nuestro caso, pues parece que gracias a nuestra propia disposición racional podríamos anticipar ese momento tan halagüeño para nuestra descendencia. Por eso serán tan importantes para nosotros los débiles indicios de que nos aproximamos a ese momento. Actualmente los Estados mantienen entre sí unas relaciones tan ficticias que ninguno puede rebajar su cultura interna sin perder poder e influencia ante los otros, quedando así bastante asegurado por la ambición política el mantenimiento, cuando no el progreso, de este fin de la Naturaleza. Es más, tampoco puede atentarse hoy en día contra la libertad civil sin perjudicar con ello a todas las actividades profesionales, particularmente al comercio, lo cual repercutiría en detrimento de las fuerzas del Estado de cara a sus \ relaciones exterio- <Ak. VIII 28> res. Pero esta libertad va ganando terreno poco a poco. Cuando se impide al ciudadano buscar su prosperidad según el modo que mejor le parezca, siempre y cuando este método sea compatible con la libertad de los demás, se obstruye la dinámica de los negocios en general y, por ende, las fuerzas del todo. Por eso se suprime cada vez más la limitación personal en su hacer, transigiendo con la libertad en materia de religión; y así, entremezclada con delirios y antojos, va emergiendo poco a poco la *ilustración,* como un gran bien que el género humano ha de obtener incluso de la egoísta megalomanía de sus soberanos, si éstos saben lo que les conviene. Mas esta ilustración y con ella cierto interés del corazón por lo bueno, que el hombre ilustrado no puede evitar asumir al comprenderlo perfectamente, ha de ascender poco a poco hasta los tronos e incluso tener influencia sobre sus principios de gobierno. Así, por ejemplo, aun cuando a nuestros gobernantes del mundo no les quede dinero para las instituciones públicas de enseñanza, ni en general para nada de cuanto concierne a un mundo mejor, porque todos sus recursos están hipotecados de antemano para la próxima guerra, advertirán que les resulta beneficioso no impedir cuando menos los propios esfuerzos de su pueblo a este respecto, aunque sean débiles y lentos. Por último, la propia guerra se convertirá poco a poco, no sólo en algo muy artificioso y de dudoso desenlace para ambas partes, sino que, debido a las funestas consecuencias que el Estado experimenta con una deuda pública (¡una nueva invención!) siempre en aumento y cuya amortización es sencillamente incalculable, la guerra se convertirá también en una empresa arriesgada, dada la repercusión que toda quiebra estatal tiene sobre los otros Estados, al estar tan entrelazadas sus actividades comerciales en esta parte del mundo; esta interdependencia es algo tan notable que los Estados, apremiados por su propio peligro, se ofrecen a hacer de árbitros de la situación aunque no tengan autoridad legal para ello, preparándose así indirectamente para integrar un macrocuerpo político, algo de lo que los tiempos pasados no han ofrecido ejemplo alguno. Si bien este cuerpo político sólo se presenta por ahora en un tosco esbozo, ya comienza a despertar este sentimiento de modo simultáneo en todos aquellos miembros interesados por la conservación del todo. Y este sentimiento se convierte en la esperanza de que, tras varias revoluciones de reestructuración, al final acabará por constituirse aquello que la Naturaleza alberga como su propósito más elevado: un *Estado cosmopolita* universal en cuyo seno se desplieguen alguna vez todas las disposiciones originarias de la especie humana. \

Noveno principio

<Ak. VIII 29>

Un ensayo filosófico para elaborar la historia universal conforme a un plan de la Naturaleza que aspire a la perfecta integración civil de la especie humana tiene que ser considerado como posible y hasta como elemento propiciador de esa intención de la Naturaleza. Ciertamente, querer concebir una *historia* conforme a una idea de cómo tendría que marchar el mundo si se adecuase a ciertos fines racionales es un proyecto paradójico y aparentemente absurdo; se diría que con tal propósito sólo se obtendría una *novela.* No obstante, si cabe admitir que la Naturaleza no procede sin un plan ni un designio final incluso en el juego de la libertad humana, esta idea podría resultar de una gran utilidad; y aunque seamos demasiado miopes para poder apreciar el secreto mecanismo de su organización, esta idea podría servirnos de hilo conductor para describir cuando menos en su conjunto como un *sistema* lo que de otro modo es un *agregado* rapsódico de acciones humanas. Pues si se parte de la historia *griega* (como aquélla mediante la cual se nos ha legado, o al menos hay que corroborar, toda historia más antigua o coetánea de la misma*), podemos rastrear su influjo en la formación y desmembración del cuerpo político del pueblo *romano,* el cual fagocitó al Estado griego, y el influjo de éste sobre los *bárbaros,* que a su vez destruyeron al Estado romano, y así hasta nuestros días; si a esto añadimos *episódicamente* la historia política de otros pueblos, cuyo conocimiento

---

* Únicamente un *público erudito,* que ha subsistido sin solución de continuidad hasta nuestros días, puede dar fe de la historia antigua. Más allá de lo cual todo es *terra incognita;* y la historia de los pueblos que vivieron al margen de tal público sólo puede arrancar del momento en que toman contacto con él. Esto es lo que ocurrió con el pueblo *judío* en la *época* de Ptolomeo gracias a la traducción griega de la Biblia, sin la cual se hubiera concedido poco crédito a unos datos que de otro modo hubieran quedado bien *dispersos.* A partir de este punto (cuando este principio inicial ha sido constatado con precisión) se puede indagar en el pasado a través de sus narraciones. Y otro tanto sucede con todos los demás pueblos. La primera página de Tucídides –dice Hume– es el único comienzo de toda historia real[6].

---

6. «The first page of Thucydides is, in my opinion, the commencement of real history. All preceding narrations are so intermixed with fable, that philosophers ought to abandon them, in a great mesure, to the embellihsment of poets and orators» (D. Hume, *Political Discurses,* Edimburgo, 1752). Cfr. D. Hume, *The Philosophical Works* (ed. de Th. Hill Green y Th. Hodge Grose), Londres, 1882, vol. III, p. 414. El título del ensayo en cuestión es «Of the Populousness of Ancient Nations». [*N. de T.*]

nos ha ido llegando poco a poco gracias a estas naciones ilustradas, se pondrá de manifiesto un curso regular en la mejora de la constitución política de nuestra
parte del mundo (que probablemente proporcionará
algún día leyes al resto del mundo). Además, \ pres-   <Ak. VIII 30>
tando atención por doquier a la constitución civil y
sus leyes, así como a las relaciones interestatales, en la
medida en que ambas, por el bien que entrañaban,
sirvieron durante algún tiempo para que se perfeccio-
naran y engrandecieran los pueblos (y con ellos también las artes y las ciencias), pero, por los errores que
contenían, sirvieron asimismo para que se derrumba-
ran de nuevo, si bien siempre quedó un germen de
ilustración que se desarrollaba un poco más con cada
nueva revolución, preparando el siguiente nivel en la
escala del perfeccionamiento: se descubrirá, como
creo, un hilo conductor que no sólo puede servir para
explicar el confuso juego de las cosas humanas o el
arte de la predicción de los futuros cambios políticos
(una utilidad que ya se ha extraído de la historia humana, aun considerándola como un efecto incohe-
rente de una libertad no sometida a reglas), sino que
también se abre una perspectiva reconfortante de
cara al futuro (algo que no se puede esperar con fundamento sin presuponer un plan de la Naturaleza),
imaginando un horizonte remoto donde la especie
humana se haya elevado hasta un estado en el que todos los gérmenes que la naturaleza ha depositado en
ella puedan ser desarrollados plenamente y pueda
verse consumado su destino sobre la tierra. Tal *justificación* de la Naturaleza –o mejor de la *Providencia*– no

es un motivo fútil para escoger un determinado punto de vista en la consideración del mundo. ¿Pues de qué serviría ensalzar la magnificencia y sabiduría de la creación en el reino irracional de la Naturaleza, recomendando su contemplación, si esa parte del gran teatro de la suprema sabiduría que contiene la finalidad de todo lo anterior –la historia del género humano– representa una constante objeción en su contra, cuya visión nos obliga a apartar nuestros ojos con desagrado y, dudando de llegar a encontrar jamás en ese escenario una consumada intención racional, nos lleva a esperarla tan sólo en algún otro mundo?

Mi propósito sería interpretado erróneamente si se pensara que, con esta idea de una historia universal que contiene por decirlo así un hilo conductor *a priori,* pretendo suprimir la tarea de la historia propiamente dicha, concebida de un modo meramente *empírico*; sólo se trata de una reflexión respecto a lo que una cabeza filosófica (que por lo demás habría de ser muy versada en materia de historia) podría intentar desde un punto de vista distinto. Además, la meritoria minuciosidad con que hoy en día se concibe la historia contemporánea, nos hace pensar en cómo podrán abarcar nuestros descendientes la pesada carga <Ak. VIII 31> histórica \ que les legaremos dentro de algunos siglos. Sin duda, valorarán la historia de las épocas más remotas, cuyos documentos habrán dejado de existir para ellos mucho tiempo atrás, aplicando únicamente el criterio que más les interese, esto es, evaluando lo que los pueblos y sus gobiernos han hecho a favor o en contra de un punto de vista cosmopolita. Pero todavía queda otro *pequeño* motivo a tener en cuenta para intentar esta historia filosófica: encauzar tanto la ambición de los jefes de Estado como la de sus servidores hacia el único medio que les puede hacer conquistar un recuerdo glorioso en la posteridad.

Recensiones sobre la obra de Herder: «Ideas para una Filosofía de la Historia de la Humanidad»[1]

1. Se reproduce aquí la traducción realizada conjuntamente con Concha Roldán y que fue publicada inicialmente por la editorial Tecnos [*N. T.*]

I <Ak. VIII 45>

Ideas para una Filosofía de la Historia de la Humanidad,
por Johann Gottfried Herder *(Quem te Deus esse iussit
et humana qua parte locatus es in re disce).*
Primera Parte (p. 318), Riga y Leipzig, 1784[2]

El espíritu de nuestro ingenioso y sugestivo autor
evidencia en este escrito su ya reconocida originali-
dad. Por tanto, no cabe juzgarlo conforme a los pa-
trones habituales, tal y como ocurre con muchos
otros escritos salidos de su pluma. Es como si su genio no acumulara las ideas del vasto campo de las
ciencias y de las artes para enriquecerlas con otras
dignas de ser comunicadas, sino que las «metamor-
foseara» (tomando prestada su propia expresión) en
su específico modo de pensar según una determinada ley de asimilación muy peculiar, razón por la cual
sus ideas se diferencian notablemente de aquellas
mediante las que se sustentan y engrandecen otras
almas y se hacen menos susceptibles de ser comunicadas (p. 292)[3]. Por eso, también podría suceder que

---

2. Esta recensión fue publicada anónimamente, si bien nadie podía
dudar sobre su paternidad, el 6 de junio de 1785 en el *Allgemeine
Litteraturzeitung.* [*N. T.*]
3. Como es natural, esta paginación corresponde a la edición de
1784. Con el fin de que quienes lo deseen puedan contextualizar có-
modamente las referencias de Kant a la obra reseñada, nuestras notas
irán siguiendo una reimpresión más accesible: J. G. Herder, *Sämtliche
Werke* (hrsg. von B. Suphan), Georg Olms, Hildesheim, 1967 (Repro-
graphischer Nachdruck der Ausgabe, Berlín, 1887), que será citada

la expresión «Filosofía de la Historia de la Humanidad» tuviera para él un significado completamente distinto al habitual. A su modo de ver, esta disciplina no requiere una precisión lógica en la determinación de los conceptos o una cuidadosa distinción y verificación de los principios, sino una mirada que abarca mucho sin reparar en nada, una sagacidad bien dispuesta para el hallazgo de las analogías y una osada imaginación en el empleo de las mismas que se alía con la habilidad de captar su objeto –mantenido siempre en una enigmática lejanía– por medio de sentimientos y emociones, los cuales se presentan como resultados de una enjundiosa meditación o como insinuaciones que permiten conjeturar mucho más de lo que un examen desapasionado encontraría en él. Como, a pesar de todo, la libertad de pensamiento (que aquí se da en tan generosa medida) ejercitada por una mente fecunda siempre proporciona materia para la reflexión, procuraremos resaltar –¡ojalá lo consigamos!– las ideas más importantes y originales del mismo, exponiéndolo con sus propias expresiones, si bien al final añadiremos algunas observaciones respecto del conjunto. \

<Ak. VIII 46>

Nuestro autor parte de una perspectiva cósmica, con el fin de señalar al hombre su puesto entre los res-

---

en lo sucesivo mediante la sigla SW. Para facilitar aún más las cosas brindaremos, paralelamente, su enclave en una traducción castellana: J. G. Herder, *Ideas para una Filosofía de la Historia de la Humanidad* (trad. de Rogelio Rovira Armengol), Ed. Losada, Buenos Aires, 1959. Así pues, la página 292 de la edición *princeps* manejada por Kant queda convertida en: SW, vol. XIII, p. 184 / p. 141, ed. cast. [*N. T.*]

tantes habitantes de los planetas de nuestro sistema solar y, en base a la posición intermedia y nada desventajosa del astro donde vivimos, deduce que «hemos de contar con un entendimiento terrestre bastante mediano y con una virtud humana todavía muy ambigua, aunque (habida cuenta de que nuestros pensamientos y nuestras fuerzas germinan únicamente gracias a nuestra organización terrestre, de modo que tienden a modificarse y transformarse hasta llegar a la pureza y refinamiento consentidos por nuestra creación, suponiendo que sucede otro tanto en los demás astros si nos dejamos guiar por la analogía) cabe conjeturar que el hombre tendrá *una* meta común con los otros habitantes del universo, no sólo para emprender finalmente un proceso de transformación en más de una estrella, sino acaso incluso para llegar a relacionarse con todas las criaturas que han llegado a la madurez en tantos y tan diversos mundos gemelos»[4]. De aquí pasa a considerar las revoluciones que precedieron a la aparición del hombre. «Antes de que pudieran producirse nuestro aire, nuestra agua y nuestra tierra, fue preciso seguir algunas líneas que se anularon y suprimieron mutuamente. ¿Cómo no iban, pues, a presuponer múltiples revoluciones y disoluciones de lo Uno en lo Otro las diversas especies geológicas, minerales y cristalográficas, así como la orga-

---

4. Cfr. SW, vol. XIII, pp. 13 y ss. / pp. 22 y ss. ed. cast. Ha de advertirse que, pese al entrecomillado, los textos citados por Kant no son literales, sino que enhebran algunas frases –cuando no refunden las ideas– dispersas a lo largo de varias páginas, deformando en ocasiones el sentido del original. [*N. T.*]

nización de los moluscos, de las plantas, de los animales y, por último, del hombre? Él, hijo de todos los elementos y todos los seres, su más excelso compendio y, por decirlo así, la flor de la creación, no podía ser sino el benjamín predilecto de la Naturaleza a cuya formación y concepción tuvieron que preceder muchas evoluciones y revoluciones»[5].

En la forma esférica de la tierra encuentra un motivo de admiración en la unidad a que da lugar toda diversidad imaginable. «Quien pondera esta figura difícilmente caerá nunca en el proselitismo de una ortodoxia filosófica o religiosa ni matará en nombre de un fanatismo tan siniestro como sagrado»[6]. De igual modo la consideración de la eclíptica le da pie a considerar el destino del hombre. «Bajo la oblicua trayectoria de nuestro sol toda acción humana es un ciclo anual»[7]. El conocimiento exhaustivo de la atmósfera, así como el influjo que sobre ella ejercen los cuerpos celestes –si fuera conocido con detalle–, entrañan para él una enorme influencia sobre la historia de la humanidad. En el apartado que dedica <Ak. VIII 47> a la distribución de la tierra firme y de los mares se \ presenta la estructura terrestre como un principio aclaratorio de la diversidad en la historia de los pueblos. «Asia es tan coherente en usos y costumbres como uniforme es su vasto territorio; en cambio, el pequeño Mar Rojo supone un gran hiato en relación a las costumbres, siéndolo todavía más el Golfo Pérsico. Sin embargo, los

---

5. Cfr. SW, vol. XIII, pp. 18 y ss. / pp. 24 y ss. ed. cast. [*N. T.*]
6. Cfr. SW, vol. XIII, p. 25 / p. 26 ed. cast. [*N. T.*]
7. Cfr. SW, vol. XIII, p. 29 / p. 29 ed. cast. [*N. T.*]

numerosos lagos, montañas y ríos de América, así como la tierra firme, ocupaban, no sin razón, una gran extensión en la zona templada; la configuración del Viejo Continente –primera morada del hombre– ha sido dispuesta por la Naturaleza, con toda intención, de un modo completamente distinto a la del Nuevo Mundo»[8]. El segundo libro se ocupa de los distintos tipos de organización que hay en la tierra y comienza por el granito, sobre el cual actuaron la luz, el calor, un aire más denso y el agua, transportando quizá el sílice hasta la tierra caliza donde se formaron los primeros seres vivos del mar: los testáceos. Luego comienza la vegetación. Comparación del desarrollo del hombre con el de las plantas y del amor sexual de aquél con la floración de éstas. Utilidad del reino vegetal en relación con el hombre. Reino animal. Transformación de los animales y del hombre de acuerdo a los climas. Los del Viejo Mundo son imperfectos. «Las clases de las criaturas aumentan cuanto más se alejan del hombre, disminuyendo cuanto más se le aproximan. En todas hay una forma principal y una estructura ósea similar. Estas transiciones hacen verosímil la hipótesis de que tanto en las criaturas marinas como en las plantas, y quizá hasta en los *llamados* seres *inanimados,* domine una y la misma predisposición hacia la organización, sólo que de una forma infinitamente tosca y confusa. Acaso ante la mirada del Ser eterno –quien ve todo en perfecta conexión– la forma primigenia de una

---

8. Cfr. SW, vol. XIII, pp. 45 y ss. y 54 y ss. / pp. 36 y ss. y 41 y ss. ed. cast. Se pretende condensar en estas líneas las reflexiones vertidas por Herder en los apartados 6 y 7 del libro primero de su obra [*N. T.*]

partícula de hielo y la del copo de nieve que se configura en ella guarden una relación análoga a la de la formación del embrión en el cuerpo materno. El hombre es una criatura central entre los animales, esto es, es la forma más difundida, en la que se concentran *todos los caracteres de cuantas especies* le rodean. Veo llegar a los animales, procedentes del aire y del agua, de las alturas y de las profundidades, hacia el hombre, aproximándose paso a paso a su configuración»[9]. Este libro concluye así: «¡Alégrate de tu condición, oh hombre, y estúdiate, noble criatura central, en todo cuanto vive a tu alrededor!»[10].

El tercer libro compara la estructura de las plantas y de los animales con el organismo de los hombres. No podemos seguirle aquí, ya que rentabiliza para su propósito las consideraciones de los naturalistas; sólo mencionaré algunos resultados: «Mediante tales o cuales órganos la criatura engendra, \ a partir de la inerte vida vegetal, un estímulo vivo y, en base a la suma de éstos, filtrados a través de sus conductos, engendra el medio de la sensación. El resultado de los estímulos se torna *impulso,* el resultado de la sensación, *pensamiento,* un eterno progreso de la creación orgánica *que fue programado en toda criatura viviente*»[11]. El autor no cuenta con gérmenes, sino con una fuerza orgánica, tanto en las plantas como en los animales. Dice: «Al igual que la planta misma

<Ak. VIII 48>

---

9. Cfr. SW, vol. XIII, pp. 65 y ss. / pp. 56 y ss. ed. cast. [*N. T.*]
10. Cfr. SW, vol. XIII, p. 71 / p. 59 ed. cast. *[N. T.]*
11. Cfr. SW, vol. XIII, p. 78 / p. 65 ed. cast. [*N. T.*]

es vida orgánica, también lo es el pólipo. Existen, por lo tanto, muchas fuerzas orgánicas, la de la vegetación, la de los estímulos musculares, la de la sensación. Cuanto mayor es el número y refinamiento de los nervios, cuanto más grande es el cerebro, tanto más inteligente llega a ser la especie. *El alma animal* es la suma de todas las fuerzas que actúan en una organización»[12], y el instinto no es una fuerza natural especial, sino la dirección que la Naturaleza ha fijado para cada conjunto de fuerzas a tenor de su temperamento. A medida que este único principio de la Naturaleza –que ora denominamos *constitutivo* (en las piedras), ora *impulsivo* (en las plantas), ora *sensitivo,* ora *artísticamente constructivo* y que, en el fondo, es una sola e idéntica fuerza orgánica– se va dividiendo en diferentes órganos y miembros hasta constituir un mundo propio, va desapareciendo el instinto y comienza un uso libre de los sentidos y de los miembros (como ocurre en el hombre). Finalmente, el autor da con el distintivo fundamental de la naturaleza humana: «El caminar erguido es, desde luego, algo exclusivo del hombre, algo que condiciona la organización de toda actividad emprendida por su especie y constituye su carácter distintivo»[13].

Ahora bien, no le fue asignada la posición erguida para el uso racional de sus miembros porque estuvie-

---

12. Cfr. SW, vol. XIII, pp. 87, 91 y ss. y 97 / pp. 71, 73 y ss. y 78 ed. cast. [*N. T.*]
13. Cfr. SW, vol. XIII, pp. 112-113 / p. 89 ed. cast. [*N. T.*]

ra destinado a la razón, sino que adquirió ésta gracias a dicha posición, como el efecto natural de una disposición que era meramente necesaria para caminar erguido. «Admiremos con gratitud esta sagrada y benefactora obra de arte en virtud de la cual nuestra especie se tornó linaje humano, pues vemos que con la figura erecta de la humanidad comenzó una nueva organización de las fuerzas y cómo sólo gracias a ella el hombre se volvió hombre»[14].

En el libro cuarto el autor continúa desarrollando este punto: «¿Qué le falta a esa criatura semejante al hombre (al mono), que no llegó a ser hombre?»[15]. Y, ¿en virtud de qué lo llegó a ser éste? Gracias a la forma de la cabeza, apropiada para una figura *erguida, gracias* a la organización interna y externa preparada para un centro de gravedad perpendicular. El mono <Ak. VIII 49> tiene todas las partes del \ cerebro que el hombre posee, pero las tiene según la configuración de su cráneo en una posición retrotraída, debido a que su cabeza fue conformada desde otro ángulo y a que no fue constituido para caminar erguido. Con lo cual todas las fuerzas orgánicas actuaron de otro modo; «mira pues hacia el cielo, oh hombre, y alégrate al contemplar estremecido tu inmenso privilegio que el Creador del mundo asoció a un principio tan sencillo: tu posición erguida»[16]. Al elevarse sobre la tierra y sobre la hierba ya no predomina el olfato, sino el ojo. Con la mar-

---

14. Cfr. SW, vol. XIII, p. 114 / p. 90 ed. cast. [*N. T.*]
15. Cfr. SW, vol. XIII, p. 116 / p. 92 ed. cast. [*N. T.*]
16. Cfr. SW, vol. XIII, p. 129 / p. 101 ed. cast. [*N. T.*]

cha erguida el hombre se convirtió en una criatura hábil, pues adquirió unas manos libres y artísticas; sólo con la marcha erguida aparece el lenguaje humano. Teórica y prácticamente la razón no es sino algo *adquirido,* una proporción y dirección de las ideas y fuerzas para la que el ser humano ha sido formado según su organización y modo de vivir»[17]. Y la libertad. «El hombre es el primer liberto de la creación: se mantiene erguido»[18]. El pudor «se tuvo que desarrollar muy pronto a causa de la posición erguida»[19]. Su naturaleza no está sometida a ninguna variedad extraordinaria. «¿A qué se debe esto? A su posición erguida y a nada más. El hombre ha sido formado para la humanidad; apacibilidad, amor sexual, simpatía y amor maternal constituyen algunos escalones de su formación erguida conducente a la humanidad... las reglas de la justicia y de la verdad se fundamentan asimismo en la posición erguida del hombre, la cual también lo formó para la decencia; la religión es la suprema humanidad. El encorvado animal tiene sensaciones confusas; Dios elevó al hombre de modo que, aún sin saberlo ni quererlo, trate de descubrir las causas de las cosas y te halle a Ti, conexión máxima de todas las cosas. La religión abre paso a la esperanza y a la creencia en la inmortalidad»[20]. De esto último trata el libro quinto: «Desde las piedras a los crista-

---

17. Cfr. SW, vol. XIII, pp. 137,141 y 145 / pp. 107, 109 y 112 ed. cast. [*N. T.*]
18. Cfr. SW, vol. XIII, p. 146 / p. 113 ed. cast. [*N. T.*]
19. Cfr. SW, vol. XIII, p. 151 / p. 117 ed. cast. [*N. T.*]
20. Cfr. SW, vol. XIII, pp. 156 y ss. / pp. 119 y ss. ed. cast. [*N. T.*]

les, desde los cristales a los metales, desde los metales al mundo vegetal, del mundo vegetal al animal, llegando finalmente al hombre, vimos ascender la forma de la organización y, con ella, diversificarse las fuerzas e impulsos de la criatura hasta concentrarse por fin en la figura del hombre, en la medida en que ésta puede abarcar todo ello»[21].

«A través de esta serie de seres observábamos una semejanza de la forma principal, la cual se aproximaba cada vez más a la configuración humana, y asimismo allegársele fuerzas e impulsos. En cada criatura la duración de su vida se adaptó al fin de la Naturaleza que ella había de secundar. Cuanto más organizada es una criatura, tanto más se compone su es- <Ak. VIII 50> tructura de los reinos inferiores. El hombre \ es un compendio del mundo: cal, tierra, sales, ácidos, aceite y agua, fuerzas de la vegetación, de los estímulos y de las sensaciones se combinan orgánicamente en él. Esto nos da razones para suponer también un *reino invisible de fuerzas* –el cual se halla en idéntica conexión y experimenta transiciones similares a las del reino invisible de la creación–, así como una serie creciente de fuerzas invisibles. Esto es *todo* lo que sustenta la inmortalidad del alma e incluso la perduración de todas las fuerzas eficientes y vivas de la creación universal. La fuerza no puede perecer, aunque el instrumento pueda ser destruido. Lo llamado a la vida por el que todo lo anima, eso vive; lo que

---

21. Cfr. SW, vol. XIII, p. 167 / p. 129 ed. cast. [*N. T.*]

actúa, actúa eternamente en su eterna conexión»[22].
Estos principios no se analizan, «porque no es éste el
lugar indicado para ello»[23]. No obstante, «vemos en
la materia tantas fuerzas afines al espíritu, que una
total oposición y contradicción de estos entes –ciertamente muy distintos–, el espíritu y la materia,
parece, si no contradictoria en sí misma, al menos
completamente indemostrable»[24]. «Nadie ha visto
gérmenes preformados. Es impropio hablar de una
epigénesis, como si los miembros creciesen *desde
fuera*. La formación *(génesis)* es un efecto de *fuerzas
internas* a las que la Naturaleza preparó una masa in-
forme donde se vuelven invisibles al *configurarla*. No
es nuestra alma racional la que configuró el cuerpo,
sino el dedo de la divinidad, la fuerza orgánica»[25].
Ahora bien, esto quiere decir: «1) Es cierto que fuerza y órgano están íntimamente unidos, pero no por
ello son una y la misma cosa. 2) Cada fuerza actúa en
armonía con su órgano, pues ella lo ha configurado y
asimilado únicamente para manifestar su esencia.
3) Cuando la envoltura deja de existir, subsiste
la fuerza que ya existía con antelación a esa envoltura, aunque en un estado inferior e igualmente
orgánico»[26]. Acto seguido el autor se dirige a los ma-
terialistas: «Supongamos que nuestra alma sea origi-
nariamente idéntica a todas las fuerzas de la materia,

---

22. Cfr. SW, vol. XIII, pp. 167-170 / pp. 129-131 ed. cast. [*N. T.*]
23. Cfr. SW, vol. XIII, p. 170 / p. 131 ed. cast. [*N. T.*]
24. Cfr. SW, vol. XIII, p. 172 / p. 132 ed. cast. [*N. T.*]
25. Cfr. SW, vol. XIII, pp. 172-174 / pp. 133-134 ed. cast. [*N. T.*]
26. Cfr. SW, vol. XIII, p. 174 / p. 134 ed. cast. [*N. T.*]

del estímulo, del movimiento y de la vida, y que sólo en una fase superior actúe en una organización más desarrollada y sutil; ¿acaso se ha visto nunca que perezca tan sólo una fuerza del movimiento y del estímulo, constituyendo esas fuerzas inferiores una y la misma cosa que sus órganos?»[27]. De su conexión se dice que sólo podría entrañar progreso. «Se puede considerar al género humano como la gran confluencia de fuerzas orgánicas inferiores que debían germinar en él para la formación de la humanidad»[28]. \

<Ak. VIII 51>

El que la organización humana acontezca en un reino de fuerzas espirituales se muestra de la siguiente manera: «1) El pensamiento es algo completamente distinto a lo que los sentidos suministran al alma»[29]; todas las experiencias acerca del origen de las asociaciones de nuestros pensamientos»[30] aportan pruebas sobre la acción de un ser (sin duda orgánico, pero aún así arbitrario) que actúa conforme a leyes de conexión espiritual. 2) Así como el cuerpo aumenta de tamaño gracias a los alimentos, también crece el espíritu gracias a las ideas, pudiendo observar en él incluso las leyes de asimilación, crecimiento y reproducción. En resumen, se forma en nosotros un hombre espiritual interior, que tiene una naturaleza propia y

---

27. Cfr. SW, vol. XIII, p. 176 / p. 135 ed. cast. [N. T.]
28. Cfr. SW, vol. XIII, pp. 180-181 / p. 139 ed. cast. [N. T.]
29. En el texto de Kant el término «alma» queda suplido por un simple pronombre, de suerte que su apresurada síntesis expositiva resulta una vez más bastante incomprensible. [N. T.]
30. En su recensión Kant no recoge la palabra «asociaciones», que nos parece un matiz importante de la idea expresada por Herder. [N. T.]

utiliza el cuerpo sólo como instrumento. 3) La más clara conciencia, ese gran privilegio del alma humana, se fue integrando a ésta de un modo espiritual a través de la humanidad, etc.»[31]; en una palabra –si es que lo hemos entendido correctamente–: el alma se ha desarrollado ante todo a partir de fuerzas espirituales que se le iban agregando poco a poco. «Nuestra humanidad es sólo un ejercicio preliminar, el capullo de una flor futura. La Naturaleza se aleja paso a paso de lo innoble, cultivando por el contrario lo espiritual, refinando aún más lo sutil, y así podemos esperar que su mano de artista también hará florecer nuestro capullo de la humanidad en una existencia donde aparezca en su propia, verdadera y divina forma humana»[32].

La conclusión se cifra en este aserto: «El estado actual del hombre es, probablemente, el de un término medio que sirve de enlace entre dos mundos. Cuando el hombre cerró la cadena de las organizaciones terrenales como su miembro supremo y último, también inauguró con ello la cadena de una especie superior de criaturas como su miembro inferior, constituyendo así el anillo intermedio entre dos sistemas de la creación mutuamente entrelazados. El hombre representa a dos mundos a la vez y en eso estriba la aparente duplicidad de su ser. La vida es una lucha, y la flor de la humanidad pura e inmortal una corona difícil de conquistar. De ahí que nuestros hermanos del grado superior nos

---

31. Cfr. SW, vol. XIII, pp. 182-185 / pp. 140-141 ed. cast. [N. T.]
32. Cfr. SW, vol. XIII, pp. 182 y 192 / pp. 145 y 147 ed. cast. [N. T.]

amen ciertamente más de lo que nosotros podemos buscarlos y amarlos, pues ellos ven nuestra condición con más claridad, y quizá eduquen en nosotros a partícipes de su felicidad. No podemos imaginarnos bien que la condición futura sea respecto a la actual tan completamente incomunicable como quisiera creer el animal que hay en el hombre; en este orden de cosas, el lenguaje y los comienzos de la ciencia parecen inexplicables sin una instrucción superior. También en épocas remotas se produjeron los máximos efectos sobre la tierra por medio de circunstancias inexplicables; incluso las enfermedades fueron a menudo instrumentos para ello, cuando el órgano se había vuelto inservible \ para el círculo habitual de la vida terrena; por tanto, parece natural que la incansable fuerza interna acaso recibiera impresiones de las cuales no era capaz una organización menos inquieta. No obstante, el hombre no puede penetrar con la mirada en su estado futuro, sino con la fe»[33]. (Pero, si cree por un momento que puede penetrarlo con la mirada, ¿cómo puede impedírsele que no intente hacer uso a veces de tal capacidad?) «Lo cierto es que en cada una de sus fuerzas subyace una infinitud; también las fuerzas del universo parecen estar ocultas en el alma, y ésta sólo necesita una organización o una serie de ellas para poder activarlas y ejercitarlas. Así como brotó la flor, cerrando con *su forma erguida* el reino de la creación subterránea y todavía inanimada, vuelve a *erguirse* el hombre por encima de todos los (animales) encorvados hacia la tierra. Con la mirada

<Ak. VIII 52>

33. Cfr. SW, vol. XIII, pp. 194-199 / pp. 149-152 ed. cast. [*N. T.*]

elevada y las manos levantadas permanece de pie, como un hijo de la casa que aguarda la llamada de su padre»[34].

Suplemento

El propósito que anima toda esta Primera Parte (de una obra que promete constar de muchos volúmenes) se cifra en esta tesis. Debe probarse –evitando cualquier investigación de carácter metafísico– la naturaleza espiritual del alma humana, su persistencia y progresos en la perfección a partir de la analogía con las configuraciones naturales de la materia, sobre todo en lo que atañe a su organización. A tal efecto, se supone la existencia de unas fuerzas espirituales para las que la materia sólo representa el material a estructurar, se admite cierto reino invisible de la creación, el cual entraña la fuerza vivificante que todo lo organiza y, ciertamente, de forma que el modelo de perfección para esta organización lo sea el hombre, modelo al que se fueron aproximando todas las criaturas de la tierra desde los niveles inferiores hasta que, por fin, gracias únicamente a esa organización perfecta cuya condición principal es la marcha erguida del animal apareció el hombre, cuya muerte no puede significar en ningún caso un punto final para el desarrollo y el crecimiento de las organizaciones ya mostradas anteriormente con minuciosidad en todo tipo de criaturas, sino que más bien permite esperar un salto de la Naturaleza hacia opera-

---

34. Cfr. SW, vol. XIII, pp. 199-201 / pp. 152-153 ed. cast. [*N. T.*]

ciones aún más refinadas, en virtud de lo cual promueva para el hombre un futuro nivel de vida todavía más
alto, elevándolo desde allí al infinito. El autor de la reseña ha de confesar que no comprende cómo se puede
colegir esto partiendo de la analogía con la Naturale-
<Ak. VIII 53> za, \ aun cuando admitiera esa gradación continua de
sus criaturas junto con la regla de la misma, esto es, el
aproximamiento al hombre. Pues existen *distintos* seres que ocupan los múltiples grados de esta organización en continuo proceso de perfeccionamiento. Por
lo tanto, partiendo de semejante analogía, sólo se podría colegir que en cualquier *otra parte* –como sería el
caso de otro planeta– podrían existir criaturas que de-
tentaran el grado de organización inmediatamente superior al del hombre, pero no que lo alcance *el mismo*
individuo. En los animales voladores que se desarro-
llan a partir de gusanos u orugas existe una disposición
absolutamente peculiar y diferente de los procedi-
mientos habituales de la Naturaleza y, por otra parte,
la palingenesia no sucede a la *muerte,* sino sólo al *esta-*
do de crisálida. En cambio, habría de probarse aquí
que la Naturaleza permite a los animales, tras su des-
composición o incineración, elevarse a partir de sus cenizas hacia una organización específica más perfecta,
para que según la analogía pueda concluirse también
esto del hombre, que aquí queda reducido a cenizas.
No existe, pues, la menor semejanza entre la elevación
gradual del mismo hombre a una organización más
perfecta en otra vida y la jerarquía que cabe establecer
entre especies e individuos totalmente diferentes de un
reino natural. Aquí la Naturaleza no nos deja ver sino

que abandona a los individuos a su completa destrucción, conservando tan sólo a la especie; sin embargo,
se pretende saber si el individuo humano sobrevivirá a
su destrucción aquí en la tierra, algo que acaso puede
ser desentrañado en base a razones morales o, si se
quiere, metafísicas, pero nunca conforme a una analogía con la generación visible. Mas en lo concerniente a
ese reino invisible de fuerzas activas e independientes,
no se entiende bien por qué el autor –después de haber creído poder deducir con seguridad su existencia
a partir de las generaciones orgánicas– no prefirió pasar por alto el principio pensante del hombre como
mera naturaleza espiritual, en lugar de sacarlo del caos
a través del edificio de la organización; ello tendría
que ser así, de tener a esas fuerzas espirituales por algo
totalmente distinto del alma humana y no considerar a
ésta como una naturaleza especial, sino como un mero
efecto de la Naturaleza universal e invisible que actúa
en la Naturaleza vivificándola, opinión que vacila-
mos en atribuirle. Ahora bien, ¿qué debe uno pensar
en general de la hipótesis de las fuerzas invisibles \ que   <Ak. VIII 54>
originan la organización y, por ende, del proyecto de
querer explicar lo *que uno no entiende* a partir de
aquello *que entiende menos todavía?* Respecto de lo
primero podemos al menos conocer las leyes gracias a
la experiencia, aunque desde luego permanezcan desconocidas las causas de las mismas; acerca de lo segundo nos vemos privados de toda experiencia. ¿Qué
puede aducir pues el filósofo para justificar su pretensión, a no ser la mera desesperación por encontrar tal
explicación en cualquier conocimiento de la Naturale-

za, buscando esa apremiante resolución en el fecundo campo de la ficción poética? Pero esto no deja de ser Metafísica, e incluso muy dogmática, por mucho que nuestro autor la rechace siguiendo los dictados de la moda.

Sin embargo, en lo concerniente a la jerarquía de las organizaciones no se le puede reprochar no haber alcanzado su propósito –que tanto excedía este mundo–, ya que su uso con respecto al reino natural no conducía a nada aquí en la tierra. La insignificancia de las diferencias, cuando se ajustan las especies unas a otras según su *semejanza,* es dentro de tan gran diversidad una consecuencia necesaria precisamente de esa diversidad. Sólo un *aire de familia* entre ellas, en virtud del cual una especie procedería de otra y todas de una única especie originaria o de algo parecido a un seno materno único que hubiera procreado todo, nos conduciría a *ideas,* pero éstas son tan espantosas que la razón retrocede estremecida ante ellas, algo que no se puede imputar a nuestro autor sin ser injustos. En cuanto a su contribución a la anatomía comparada, relativa a todas las especies animales y las plantas, son los naturalistas a quienes compete juzgar en qué medida pueden serles de utilidad las nuevas observaciones proporcionadas aquí y si tienen algún fundamento. Pero la unidad de la fuerza orgánica (p. 141)[35], que como autoconfiguradora con respecto a la diversidad de todas las criaturas orgánicas da lugar más tarde, gra-

---

35. Cfr. SW, vol. XIII, p. 102 / p. 82 ed. cast. [*N. T.*]

cias a tal diversidad, a las diferentes especies conforme a la variedad de esos órganos y constituye la diferencia íntegra de sus múltiples géneros y especies, es una idea que se halla completamente al margen de la teoría natural basada en la observación y pertenece a una filosofía meramente especulativa en la que, si se le diese cabida, socavaría enormemente los conceptos establecidos. Ahora bien, querer determinar qué organización del cuerpo está necesariamente vinculada –exteriormente por su figura e interiormente por su cerebro– con la \ disposición <Ak. VIII 55> para la marcha erguida y, más aún, cómo una organización meramente encaminada a este fin contiene el fundamento de la capacidad racional –de la que en virtud de esto participaría el animal–, es algo que supera a todas luces las fuerzas de la razón humana, la cual en ese caso sólo puede andar a tientas sirviéndose de una guía fisiológica o volar gracias a un hilo conductor de carácter metafísico.

A pesar de todo, estas advertencias no deben privar de todo mérito a una obra tan rica en ideas. Cabe destacar (para no mencionar aquí algunas de sus reflexiones tan bellamente expuestas como noble y sinceramente meditadas) el valor con que su autor ha sabido superar los escrúpulos de su gremio, que tan a menudo restringe toda filosofía al ensayo de la razón y a lo que ésta pueda alcanzar por sí misma, audacia en la que le deseamos muchos seguidores. Por otro lado, la misteriosa oscuridad en la que la propia Naturaleza envuelve sus operaciones de organización y clasificación de sus criaturas, tiene algo de culpa en la oscuridad e imprecisión que caracterizan a esta primera parte de una historia filosófica de la humanidad, que fue trazada con el fin de enlazar, en la medida de lo posible, los extremos de la misma, esto es, el punto a partir del cual comenzó la historia y aquél donde se pierde en lo infinito más allá de la historia terrenal; este intento es ciertamente audaz, pero sin duda también connatural al instinto investigador de nuestra razón y no carece de gloria incluso aun cuando no se haya consumado plenamente. Sin embargo, sería tanto más deseable que nuestro ingenioso autor dominara su genio vivaz en la continuación de su obra y encontrara un suelo firme ante sí, de modo que la filosofía –cuyo cuidado consiste más en la poda que en el cultivo de retoños exuberantes– pueda conducirle a la consumación de su empresa, no por medio de insinuaciones, sino de conceptos precisos, no mediante leyes forjadas por el temperamento, sino por la observación, no por medio de una imaginación a la que han dado alas ya sea la metafísica o lo sentidos, sino a través de una razón ambiciosa en materia de proyectos, pero cauta en su ejecución. \

II

<Ak. VIII 56> Advertencias del autor de la recensión sobre la obra de Herder *Ideas para una Filosofía de la Historia de la Humanidad,* aparecida en el núm. 4 del *Allgemeine Litteraturzeitung,* respecto de un escrito dirigido contra esta recensión que ha sido publicado en el *Teutscher Merkur* del mes de febrero[36].

En la página 148 del *Teutscher Merkur* del mes de febrero se presenta, bajo el pseudónimo de «un clérigo», un defensor del libro de Herder contra el presunto ataque aparecido en nuestro *Allgemeine Litteraturzeitung*. No sería justo implicar el nombre de un escritor respetado en la polémica entre el autor de la recensión y su adversario; por consiguiente, sólo queremos justificar aquí nuestro modo de proceder en la divulgación y enjuiciamiento de la obra mencionada, haciendo nuestras las máximas de exactitud, imparcialidad y moderación que este periódico ha adoptado como pautas de conducta. En su escrito, «el clérigo» porfía con un metafísico que sólo existe en su imaginación, al que se representa como absolutamente negado para la instrucción proveniente de la experiencia e incapaz de apreciar las conclusiones aportadas por la analogía de la Naturaleza allí donde no llega la experiencia, empecinado como está en amoldarlo todo a su horma escolástica de abstracciones estériles. El autor de la reseña puede ver con agrado esta disputa, pues en esto coincide plenamente con la opinión del «clérigo», constituyendo la propia recensión la mejor prueba

---

36. El autor del escrito al que Kant replica con estas líneas –que aparecieron en el Anexo al *Allgemeine Litteraturzeitung* correspondiente al mes de marzo de 1785– fue K. L. Reinhold (1758-1823), como él mismo le confesaría dos años después de una carta fechada el 12 de octubre de 1787 –cfr. Ak. X 475 y 497–. [*N. T.*]

de ello. Pero, puesto que cree conocer bastante bien los materiales de una antropología y algo respecto al método con que deben aplicarse para procurar una historia de la humanidad considerando su destino, está convencido de que tales materiales no han de buscarse ni en la metafísica ni tampoco en el gabinete de los naturalistas mediante la comparación (comparación que dirá muy poco respecto a su destino en otro mundo), sino que dichos materiales sólo pueden ser encontrados en sus *acciones,* a través de las cuales manifiesta el hombre su carácter; también se halla persuadido de que Herder no ha albergado ni por un momento la intención de suministrar los auténticos materiales para una historia del hombre en esa primera parte de su obra (la cual contiene únicamente una presentación del hombre en tanto que animal inmerso en el sistema universal de la Naturaleza y, por lo tanto, como un precursor de las ideas futuras), sino sólo reflexiones que pueden interesar a los fisiólogos, ampliando sus investigaciones –que por lo general suele ceñir a la intención mecánica de <Ak. VIII 57> la estructura animal– \ cuanto ello es posible hasta la organización teleológica que condiciona el uso de la razón en esa criatura (si bien les concede mayor importancia de la que merecen). Tampoco es necesario que quien sea partidario de esta última opinión demuestre (tal y como exige el «clérigo» en la p. 161) que la razón humana sería *posible* bajo *alguna otra forma de organización,* pues esto puede resultar tan poco comprensible como que *únicamente* sea posible bajo la forma actual. El uso racional de la experiencia también tiene sus limitaciones. Sin duda, la experiencia puede mostrar que algo está constituido de tal o cual manera, pero nunca que *no pueda* ser *de otra manera* completamente distinta; ni tampoco analogía alguna puede llenar ese inconmensurable abismo que media entre lo contingente y lo necesario. En la recensión quedó dicho: «La insignificancia de las diferencias, cuando se ajustan las especies unas a otras según su *semejanza,* es dentro de tan gran diversidad una consecuencia necesaria precisamente de esa diversidad. Sólo un *aire de familia* entre ellas, en virtud del cual una especie procedería de otra y todas de una única especie originaria o de algo parecido a un seno materno único que hubiera procreado todo, nos conduciría a *ideas,* pero éstas son tan espantosas que la *razón retrocede* estremecida ante ellas, algo que no se puede imputar a nuestro autor sin ser injustos». Estas palabras indujeron al «clérigo» a suponer una especie de *ortodoxia metafísica* en la recensión de la obra y, por consiguiente, a encontrar en ella intolerancia; por eso añade: *«La sana razón abandonada a su libertad no retrocede estremecida ante ninguna idea».* Pero no hay nada que temer por ese lado, como él cree erróneamente. Es simplemente el *horror vacui* lo que *en este caso* hace *retroceder estremecida* a la razón humana universal, cuando se topa con una idea con la que *no puede pensarse nada en absoluto,* pudiendo el código ontológico servir de canon, en este sentido, al teológico y, ciertamente, en aras de la tolerancia. Por otra parte, «el clérigo» encuentra demasiado trivial para un autor tan célebre el mérito de la *libertad de pensamiento* concedido al libro. Sin duda, piensa que se trata de la *libertad externa,* la cual no representa en efecto mérito alguno al depender del tiempo y del lugar. Sin embargo, la reseña consideraba únicamente aquella libertad *interna* que se libera de las cadenas de los conceptos y modos de pensar habituales fortalecidos por la opinión generalizada, una libertad *tan poco* común que incluso quienes profesan la filosofía muy raras veces han podido levantar la vista \ hacia ella. A la recensión le reprocha *«que escoge pasajes donde se expresan los resultados, obviando aquellos que los preparan»,* lo cual no deja de ser un mal inevitable para todo literato, resultando siempre más aceptable que elogiar o descalificar mediante la mera elección de uno u otro pasaje. Con el debido respeto e incluso interesándonos por la *gloria* –sobre todo por la *venidera*– del autor, mantenemos el juicio emitido sobre la obra considerada, que desde luego sostiene algo completamente distinto a lo que «el clérigo» le atribuye (con cierta mala fe) en la página 161, esto es, *que el libro no había cumplido con lo que prometía su título.* Pues el título no prometía de ningún modo cumplir ya en el primer tomo –que sólo contiene ejercicios preliminares sobre cuestiones fisiológicas generales– con lo que se espera de los siguientes (que, en la medida en que se puede prever, contendrán la Antropología propiamente dicha), y la advertencia no era superflua: restringir en ese próximo volumen la libertad que en el anterior merecía indulgencia. Por lo demás, ahora

<Ak. VIII 58>

depende sólo del propio autor el ofrecernos aquello que prometía el título, algo que cabe esperar de su talento y erudición.

III

Ideas para una Filosofía de la Historia de la Humanidad, por Johann Gottfried Herder. Segunda Parte (344 pp.), Riga y Leipzig, 1785[37].

Esta parte –que se prolonga hasta el libro décimo– comienza por describir a lo largo de los seis epígrafes del libro sexto la organización de los pueblos cercanos al Polo Norte y a las zonas altas de Asia, la de esa región habitada por los pueblos más bellos y cultos, la de los países africanos, la de los hombres que pueblan las islas del Trópico y la de los americanos. El autor concluye la descripción expresando el deseo de que se coleccionaran esos grabados de distintos países realizados recientemente por Niebuhr, Parkinson, Cook, Höst, Georgi y otros muchos. «Sería un espléndido regalo para todos el que alguien, capaz de hacerlo, coleccionara los fieles retratos de la variedad de nuestra especie que se hallan dispersos aquí y allá, preparando así el terreno a una *elocuente antropología fisionómica de la humanidad.* Difícilmente podría el arte encontrar una aplicación más filosófica, \ y un   <Ak. VIII 59>

---

37. Esta reseña fue publicada en el *Allgemeine Litteraturzeitung* el 15 de noviembre de 1785. [*N. T.*]

mapamundi antropológico –similar a la cartografía
zoológica procurada por Zimmermann– donde no
habría de indicarse sino la diversidad propia de la
humanidad, si bien en todas sus vertientes y manifestaciones, coronaría esa tarea filantrópica»[38].

El libro séptimo examina en primer lugar la tesis de
que, pese a sus diversas manifestaciones, el género
humano constituye una especie única que se ha acli-
matado a todos los lugares de la tierra. Seguidamen-
te, se consideran los influjos del clima sobre la formación del cuerpo y el alma del hombre. El autor
observa con agudeza que todavía faltan muchos trabajos previos para poder llegar a establecer una cli-
matología fisiológico-patológica, por no hablar de
una que comprenda todas las fuerzas intelectivas y
sensitivas del hombre; se da cuenta de que no es posible sistematizar ese caos de causas y efectos (la alti-
tud del terreno, su orografía y sus productos, los alimentos y bebidas, el régimen de vida, los trabajos, la
vestimenta, las diversiones, las artes y el resto de circunstancias confluyentes) en un universo donde cada
cosa, cada comarca en particular, obtenga todo ello
con equidad, sin exceso ni defecto. Por eso, con una
modestia digna de elogio en la página 99[39] califica
como problemas las observaciones generales de la
página 92[40]. Éstas son las tesis fundamentales allí
contenidas: 1) Por medio de múltiples causas se fo-

---

38. Cfr. SW, vol. XIII, p. 251 / pp. 188-189 ed. cast. [*N. T.*]
39. Cfr. SW, vol. XIII, p. 269 / p. 203 ed. cast. [*N. T.*]
40. Cfr. SW, vol. XIII, p. 265 / p. 200 ed. cast. [*N. T.*]

menta en la tierra un conjunto de factores climáticos que forman parte de la existencia de los seres vivos. 2) El territorio habitable de nuestra tierra se halla concentrado en regiones donde la mayoría de los seres vivos actúan de la forma que les resulta más satisfactoria; esta situación de los continentes influye sobre el clima de todos ellos. 3) Gracias a los sistemas montañosos de la tierra no sólo se ha modificado incontables veces el clima para una buena parte de los seres vivientes, sino que también se impidió la dispersión del género humano, tal y como puede impedirse. En el cuarto apartado de este libro el autor sostiene que la fuerza genética es la madre de todas las configuraciones sobre la tierra, sobre la que el clima sólo actúa favorable o desfavorablemente, y concluye con algunas observaciones sobre la *desavenencia entre la génesis y el clima,* haciendo votos por la elaboración de una *historia físico-geográfica del origen y evolución de nuestra especie según los climas y las épocas.*

En el *libro octavo* Herder atiende al empleo de los sentidos humanos, a la imaginación del hombre, a su entendimiento práctico, a sus instintos y a su felicidad e ilustra el influjo de la tradición, \ de las opiniones, del uso y la costumbre, mediante ejemplos de distintos países. <Ak. VIII 60>

El *noveno* se ocupa de la dependencia del hombre respecto a otros en lo que atañe a la evolución de sus capacidades, del lenguaje en tanto que vehículo de la formación de los hombres, de la invención de las artes y las ciencias en virtud de la imitación, la razón y el lenguaje, de los gobiernos en cuanto sistemas de organización entre los hombres que la mayor parte de las veces se han constituido a partir de tradiciones heredadas, concluyendo con observaciones acerca de la religión y la más antigua tradición.

El *décimo* contiene en buena medida el resultado de las reflexiones que el autor ha expuesto ya en otros lugares; junto a las consideraciones sobre la primera morada de los hombres y las tradiciones asiáticas sobre la creación de la tierra y del género humano, repite lo esencial de la hipótesis sobre la historia mosaica de la creación vertida en su escrito: *El documento más antiguo del género humano* (1776).

También en esta parte, estas sucintas indicaciones son sólo un anuncio del contenido y no una exposición del espíritu de la obra; pretenden invitar a leerla, no reemplazar o hacer innecesaria su lectura.

Los libros sexto y séptimo contienen en su mayor parte sinopsis descriptivas de pueblos, sin duda seleccionadas con acierto, dispuestas con maestría y acompañadas en todo momento por opiniones propias e ingeniosas, mas justamente por ello muy poco susceptibles de un resumen detallado. Tampoco es nuestra intención entresacar o analizar tantos hermosos pasajes llenos de elocuencia poética, que todo lector con sensibilidad sabrá apreciar por sí mismo. Pero mucho menos nos proponemos investigar aquí si el espíritu poético que aviva la expresión no se ha infiltrado a veces en la filosofía del autor, si los sinónimos no se hacen pasar de cuando en cuando por explicaciones y las alegorías por verdades, o si los cruces entre los terrenos colindantes de la filosofía y el lenguaje poético no han trastocado por completo en ocasiones los lindes y dominios de ambos, ni si en muchos lugares la trama de audaces metáforas, de figuras poéticas, de alusiones mitológicas, no ha servido precisamente para ocultar el cuerpo de los pensamientos como bajo una especie de *miriñaque,* en lugar de para insinuarlo bajo un velo transparente. Dejamos en manos de los críticos de la elegancia del estilo filosófico o, en última \ instancia, del propio autor, el indagar si no hubiera sido mejor decir, por ejemplo: *no sólo el día y la noche y el cambio de las estaciones modifican el clima,* en lugar de lo escrito en la página 99: «No sólo el día y la noche, así como la *danza* en que se van turnando las estaciones del año, modifican el clima»; ellos han de juzgar asimismo si en la página 100 conviene agregar, tras una descripción histórico-natural de tales modificaciones, una imagen, indudablemente bella, propia de una oda ditirámbica: «En torno al trono de Júpiter danzan las Horas en una continua hilera y lo que se forma bajo sus pies es en verdad sólo una perfección imperfecta, porque todo se basa en la combinación de elementos heterogéneos, pero gracias a una cohesión interna y al enlace conyugal de unos con otros nacerá por doquier el hijo de la Naturaleza, la regularidad y la belleza sensible»[41]; o si no resulta demasiado *épica* esta locución con que se inicia el libro octavo (cuando el descriptor de viajes sobre la organización de los diversos pueblos y su clima deja paso

<Ak. VIII 61>

---

41. Cfr. SW, vol. XIII, p. 270 / p. 204 ed. cast. [*N. T.*]

al acopio de principios generales extraídos de lo anterior: «Mi situación es comparable a la de alguien que emprendiera una navegación por el aire a partir de las olas del mar, pues ahora, tras examinar las formas y las fuerzas naturales de la humanidad, llego a su espíritu, aventurándome a investigar las variables cualidades del mismo en nuestra vasta tierra circular a partir de informaciones ajenas, incompletas y parcialmente inseguras»[42]. Tampoco comprobaremos si el torrente de su elocuencia no le hace incurrir en contradicciones aquí y allá, si por ejemplo, cuando en la página 248[43] se menciona que muy a menudo los inventores tienen que ceder a la posteridad el provecho de su invento –que crearon para sí mismos–, acaso no subyace aquí un nuevo ejemplo para confirmar la tesis de que las disposiciones naturales del hombre relativas al uso de su razón sólo se desarrollarán por completo en la especie, pero no en el individuo; tesis a la que se ve inclinado a inculpar –junto a otras que se derivan de ella–, y así lo hace en la página 206[44], como una *ofensa a la majestad de la Naturaleza* (algo a lo que otros llamarían en prosa «sacrilegio»). Pero, teniendo presentes los límites que aquí se nos imponen, hemos de pasar por alto todas estas cuestiones.

Quien suscribe habría deseado que una mente histórico-crítica hubiera preparado el terreno a nuestro autor, como a cualquier otro filósofo que acometa

---

42. Cfr. SW, vol. XIII, p. 290 / p. 219 ed. cast. [*N. T.*]
43. Cfr. SW, vol. XIII, p. 373 / pp. 278-279 ed. cast. [*N. T.*]
44. Cfr. SW, vol. XIII, p. 342 / p. 256 ed. cast. [*N. T.*]

una historia natural del hombre con carácter universal, al haber seleccionado entre tal cúmulo de informaciones relativas a la naturaleza humana, proporcionadas por las descripciones \ de pueblos o los relatos de viajes, justo aquellas que se contradicen mutuamente, colocándolas unas junto a otras (por supuesto, con advertencias adjuntas respecto a la credibilidad de cada narrador); pues así nadie se apoyaría con tanta audacia en informaciones unilaterales, sin haber sopesado previamente otros informes. Sin embargo, actualmente, en base a un gran número de descripciones sobre distintos países, puede demostrarse –si así se desea– que los americanos, tibetanos y otros pueblos genuinamente mongoles, no tienen barba, pero también –en caso de que alguien lo prefiera– que son barbados por naturaleza y sólo se han depilado la cara; asimismo cabe demostrar que los americanos y los negros constituyen una raza inferior entre los demás miembros de la especie humana en lo referente a las disposiciones espirituales, mas de otro lado, según informaciones igualmente verosímiles, podría probarse que respecto a sus disposiciones naturales han de ser valorados como cualquier otro habitante del mundo, por lo que corresponde al filósofo elegir si admite diferencias naturales o pretende juzgar todo conforme al principio *tout comme chez nous,* puesto que todos sus sistemas erigidos sobre una base tan inestable cobrarán la apariencia de hipótesis ruinosas. Nuestro autor no se muestra favorable a la división de la especie humana en *razas* –máxime cuando ésta se basa en el color hereditario–, proba-

<Ak. VIII 62>

blemente porque no le ha sido precisado con claridad el concepto de *raza*. En el tercer apartado del libro séptimo denomina «fuerza *genética*» a la causa de la diversidad humana dependiente del clima. Respecto al significado que pueda tener esta expresión para Herder, el autor de la reseña entiende lo siguiente: por una parte, pretende rechazar el sistema de la evolución, mas, por otro lado, rechaza también el mero influjo mecánico de las causas externas, como sendos fundamentos de explicación claramente insuficientes, admitiendo un principio vital que se modifique internamente *a sí mismo* conforme a la diversidad de las circunstancias exteriores al adecuarse a las mismas, algo en lo que quien suscribe coincide plenamente, con una salvedad: si la causa que organiza *desde dentro* estuviera limitada por su naturaleza a un cierto número y grado de diferencias en el desarrollo de su criatura (organización según la cual dicha causa no sería libre para modelar conforme a otro patrón en caso de modificarse las circunstancias), podría denominarse a esta determinación natural de la Naturaleza configuradora «gérmenes» o «disposiciones originarias», sin considerar por ello a los primeros como dispositivos colocados en un principio que sólo se despliegan por casualidad y aisladamente cual capullos (como en el sistema de la evolución), sino, como <Ak. VIII 63> meras limitaciones inexplicables de una \ facultad autoconfiguradora que tampoco podríamos explicar o hacer comprensible.

Con el libro octavo se inicia un nuevo hilo argumental que continúa hasta el final de esta segunda parte, en el que se estudia el origen de la formación del hombre en cuanto criatura racional y moral, abordando por consiguiente el comienzo de la cultura, el cual no ha de buscarse –según el autor– en la propia capacidad de la especie humana, sino enteramente fuera de ella, en una instrucción y enseñanza por parte de otras naturalezas; con este punto de partida, el progreso de la cultura se convierte en una mera participación y propagación casual de una tradición originaria, a la cual, y no a sí mismo, ha de atribuir el hombre toda su aproximación a la sabiduría. Como quiera que el autor de la reseña se encuentra desconcertado si coloca un pie fuera de la Naturaleza y del camino cognoscitivo de la razón, puesto que no es ningún experto en la erudita investigación filológica o en el análisis de documentos antiguos, no sabe por lo tanto rentabilizar filosóficamente los hechos narrados –y al mismo tiempo valorados– en tales documentos, reconociendo carecer de juicio alguno a este respecto. Sin embargo, se permite presumir que la vasta erudición del autor, así como su don especial para reunir datos bajo un solo punto de vista, nos obsequiarán con la lectura de páginas muy hermosas en torno al transcurso de las cosas humanas y esto, en la medida que pueda servirnos para conocer más de cerca el carácter de la especie y a ser posible hasta ciertas diferenciaciones clásicas de la misma, puede resultar instructivo incluso para aquel que tenga otra opinión sobre el origen de la cultura humana. El autor expone brevemente los fundamentos de la suya en las páginas 338-339 (con inclusión de la nota):

«Este instructivo relato (mosaico) narra que los primeros hombres creados tuvieron trato con los Elohim[45], quienes los educaban, adquiriendo bajo su dirección gracias a la observación de los animales el lenguaje y la razón dominadora; pero el hombre quiso igualarles también en el conocimiento del mal, que le estaba vedado, obteniendo este conocimiento para su desgracia, pues desde entonces fue relegado a otro lugar e inició una nueva forma de vida menos acorde con la Naturaleza. Si la divinidad pretendía, pues, que el hombre ejercitase la razón y la previsión, también tuvo que ocuparse de los asuntos humanos con racionalidad y previsión. Ahora bien, ¿cómo se encargaron los *Elohim* de los hombres, esto es, cómo les instruyeron, aleccionaron y enseñaron? Sobre la cuestión de si no es tan temerario formular \ esta pregunta como responderla, la propia tradición debe brindarnos una explicación al respecto en algún otro lugar»[46].

<Ak. VIII 64>

En un desierto intransitado el pensador, al igual que el viajero, ha de elegir su camino con entera libertad; hay que esperar a ver cómo le va y si, tras haber alcanzado su objetivo, regresa oportunamente

---

45. Este vocablo es uno de los nombres con que los hebreos designan a la divinidad. El que se trate de una forma plural suscita un serio problema hermenéutico en torno al monoteísmo del Antiguo Testamento, controversia que suele disolverse con la fórmula de un primitivo henoteísmo. Por ello, los exegetas aducen que tal expresión involucra un plural *sui generis* de plenitud acumulada, pudiendo servir como adjetivo superlativo y también ser aplicado a seres sobrehumanos –como en el caso que nos ocupa. [*N. T.*]

46. Cfr. SW, vol. XIII, p. 435 y n. / pp. 324-325 y n. ed. cast. [*N. T.*]

sano y salvo a casa, esto es, a la morada de la razón, en tal caso podría prometerse tener sucesores. Por eso, quien suscribe no tiene nada que decir sobre el peculiar camino especulativo seguido por el autor, si bien se cree autorizado a tomar la defensa de algunos de los principios rebatidos por Herder a lo largo de ese camino, ya que también al autor de la reseña ha de corresponderle esa libertad de trazarse sus propios derroteros. En la página 260 se afirma: «Sería un principio ciertamente *cómodo* pero igualmente *nocivo* para la filosofía de la historia de la humanidad el sostener lo siguiente: el hombre es un animal que necesita un señor –o quizá varios– de quien(es) espera la felicidad de su destino final»[47]. Este principio acaso resulte sencillo, puesto que lo confirma la experiencia de todas las épocas y de todos los pueblos, ¿pero es acaso malo? En la página 205 se dice: «La Providencia discurrió bondadosamente al anteponer la más sencilla felicidad del individuo a las finalidades artificiosas de las grandes sociedades y evitar el mayor tiempo que le fue posible esa costosa maquinaria del Estado»[48]. Completamente de acuerdo, pero dicha felicidad es, antes que nada, la felicidad de un animal, después la de un niño, más tarde la de un joven y, por último, la del hombre. En todas las épocas de la humanidad –así como dentro de un período determinado en todos los estratos sociales– se da una felicidad adecuada al concepto y a las costum-

---

47. Cfr. SW, vol. XIII, p. 383 / p. 284 ed. cast. [*N. T.*]
48. Cfr. SW, vol. XIII, p. 341 / p. 256 ed. cast. [*N. T.*]

bres de la criatura conforme a las circunstancias en las que ha nacido y crecido; en lo referente a este punto no es posible establecer una comparación del grado de felicidad ni señalar privilegios de una clase humana o de una generación sobre las otras. Ahora bien, cuál sería el auténtico objetivo de la Providencia, no siéndolo ese espectro de felicidad que se forja cada uno, sino la actividad y la cultura –en constante aumento y progreso– puestas por ello en juego, cuya cota máxima sólo puede ser el producto de una constitución política estructurada conforme a los conceptos del Derecho humano y, por lo tanto, una obra del propio hombre; según la página 206 «cada individuo en particular poseería dentro de sí la medida de su felicidad»[49], sin ceder ni un ápice de su disfrute a la posteridad; sin embargo, no sería en la condición de tales individuos –si es que existen–, sino únicamente en lo que atañe al valor de su existencia misma (esto es, la razón por la cual están ahí) \ donde se manifestaría una sabia intención de conjunto. El autor cree que si los afortunados habitantes de Tahití, destinados al parecer a vivir durante milenios en su pacífica indolencia, no hubieran sido visitados nunca por naciones civilizadas, se podría dar una respuesta satisfactoria a la pregunta de por qué existen; ¿acaso no hubiese sido igual de bueno que esta isla fuese ocupada con felices ovejas y carneros, que poblada por hombres dichosos entregados únicamente al deleite? Aquel principio no es, por consiguiente,

:Ak. VIII 65>

---

49. Cfr. SW, vol. XIII, p. 342 / p. 257 ed. cast. [*N. T.*]

tan *malo* como piensa el autor (quizá quería decir más bien *malvado,* refiriéndose al artífice de tal principio)[50]. Un segundo principio a defender sería éste. En la página 212 se lee: «Si alguien afirmara que no se educa al individuo, sino a la especie, diría algo incomprensible para mí, puesto que género y especie sólo son conceptos universales y únicamente existen en la medida en que haya seres individuales. Es como si yo hablara de la "animalidad", de la "petreidad" o de la "mineralidad" en abstracto, adornándolas con los atributos más excelsos, pero que se contradicen mutuamente en los seres individuales. Por ese camino de la filosofía averroísta no debe caminar nuestra filosofía de la historia»[51]. Ciertamente, quien dijese que ningún caballo tiene cuernos, pero que tal cosa es propia de la especie, diría un burdo disparate; pues «especie» no significa sino el rasgo característico en el que coinciden todos los individuos entre sí. Ahora bien, si la especie supone (en su sentido más usual) el *conjunto* de una serie de generaciones que se extiende hasta el infinito (hasta lo indeterminable) y se acepta que tal serie se aproxima incesantemente a la línea de su destino, entonces no resulta contradictorio sostener que esta línea del destino es asintótica a cada uno de los puntos de la línea generacional y coincide con ésta en el todo; en otras palabras, que

---

50. Como el lector ya habrá advertido, el sujeto a quien se refiere Kant es él mismo, pues la tesis en tela de juicio es el sexto principio de la *Idea para una historia universal en clave cosmopolita* –cfr. Ak. VIII 23 y ss.– [*N. T.*]

51. Cfr. SW, vol. XIII, p. 345 / p. 260 ed. cast. [*N. T.*]

ningún miembro de todas las generaciones del género humano alcanza plenamente su destino, sino únicamente la especie. Es competencia del matemático aclarar esta metáfora; la tarea del filósofo consiste en afirmar que el destino del género humano en su conjunto es un *progresar ininterrumpido* y la consumación de tal progreso es una mera idea «aunque muy provechosa desde cualquier punto de vista» del objetivo al que hemos de dirigir nuestros esfuerzos conforme con la intención de la Providencia. Con todo, esta equivocación del polémico pasaje citado es una nimiedad comparado con la de su conclusión: «Por

<Ak. VIII 66> ese camino de la filosofía averroísta –se dice– no \ debe caminar nuestra filosofía de la historia». De ello cabe colegir que nuestro autor, que tanto ha censurado la filosofía que se ha dado hasta el momento, no se contente con estériles elucidaciones filológicas, sino que mediante el ejemplo de su prolija obra ofrecerá al mundo una muestra del auténtico modo de filosofar.

Probable inicio de la historia humana[1]

1. Este trabajo vio la luz en enero de 1786, también en el *Berlinische Monatsschrift.* J. E. Biester –el editor de dicha revista– agradecía el envío del original a Kant el 8 de noviembre de 1785 (cfr. Ak. X 393, y cfr., asimismo, 406 y 410). Esta versión castellana la hice formando tándem con Concha Roldán y fue publicada en su día por la editorial Tecnos. [*N. T.*]

Es perfectamente lícito *insertar* conjeturas en el *de-* <Ak. VIII 109>
curso de una historia con el fin de rellenar las lagunas
informativas, pues lo antecedente –en tanto que causa remota– y lo consecuente –como efecto– pueden
suministrar una guía bastante segura para el descubrimiento de las causas intermedias, haciéndose así
comprensible la transición entre unas cosas y otras.
Ahora bien, hacer que una historia *resulte* única y exclusivamente a partir de suposiciones, no parece dis-
tinguirse mucho del proyectar una novela. Ni siquiera podría ostentar el título de *historia probable,*
correspondiéndole más bien el de simple fábula. No
obstante, lo que no cabe aventurar en el desarrollo de
la historia de las acciones humanas, puede muy bien
ensayarse mediante suposiciones respecto de su *ini-*
cio, siempre que lo establezca la *Naturaleza.* Tal inicio
no tiene por qué ser inventado, ya que puede ser re-

construido por la experiencia, suponiendo que ésta no haya variado sustancialmente desde entonces hasta ahora: un presupuesto conforme con la analogía de la Naturaleza y que no conlleva osadía alguna. Una historia del primer despliegue de la libertad a partir de su disposición originaria en la naturaleza del hombre no tiene, por lo tanto, nada que ver con la historia de la libertad en su desarrollo, que –ésta sí– sólo puede basarse en informes.

Con todo, dado que las suposiciones no pueden elevar demasiado sus pretensiones de asentimiento, teniendo que anunciarse únicamente como una maniobra consentida a la imaginación –siempre que vaya acompañada por la razón– para recreo y solaz del ánimo, mas en ningún caso como algo serio, tampoco pueden rivalizar con esa historia que se ofrece sobre el mismo suceso y se toma como información genuina, cuya verificación se basa en fundamentos bien distintos a los de la mera filosofía natural. Justamente por ello, y puesto que emprendo aquí un simple viaje de placer, espero que me sea permitida la licencia de utilizar un texto sagrado a guisa de plano e imaginar que mi expedición (llevada a cabo <Ak. VIII 110> con las alas de la \ imaginación, aunque no sin un hilo conductor anudado a la experiencia por medio de la razón) encuentra exactamente la misma ruta que describe aquel testimonio histórico. El lector consultará los pasajes pertinentes de aquel documento (Génesis, II-IV)[2],

---

2. La referencia literal de Kant es libro I de Moisés, esto es, el Génesis, del que consignaremos los capítulos en números romanos y los versículos en guarismos. [*N. T.*]

comprobando paso a paso si el camino que toma la filosofía con arreglo a conceptos coincide con el que refiere la historia.

Si no queremos dejar vagar nuestra fantasía entre suposiciones, habremos de fijar el principio en aquello que no pueda ser deducido mediante la razón a partir de causas precedentes, por tanto, tendremos que comenzar con la *existencia del hombre* y, ciertamente, del hombre *adulto* –pues ha de prescindir del cuidado materno– y *emparejado,* para poder procrear su especie; asimismo ha de tratarse de *una única* pareja, para que no se origine de inmediato la guerra –lo que suele suceder cuando los hombres están muy próximos unos a otros siendo extraños entre sí– o también para que no se le reproche a la Naturaleza el haber regateado esfuerzos mediante la diversidad del origen en la organización más apropiada para la sociabilidad, en tanto que objetivo principal del destino humano, puesto que la unidad de esa familia –de la que habrían de descender todos los hombres– era sin duda la mejor disposición en orden a conseguir ese objetivo. Sitúo a esta pareja en un lugar a salvo del ataque de las fieras y bien provisto por la Naturaleza con todo tipo de alimentos, esto es, en una especie de *jardín* que goza de un clima siempre moderado. Y, además, sólo la considero después de que ha dado un paso gigantesco en la habilidad para servirse de sus propias fuerzas, por lo que no comienzo con el carácter enteramente tosco de su naturaleza. Pues bien, si yo pretendiera llenar esa laguna –que presumiblemente comprende un largo período de tiempo– a buen seguro que se darían demasiadas suposiciones y muy pocas probabilidades para el gusto del lector. Así pues, el primer hombre podía *mantenerse erguido y andar,* podía *hablar* (Génesis, II, 20)* y hasta *discurrir,* es decir, hablar concatenando conceptos (Génesis, II, 23), por consiguiente, *pensar.* Habilidades que el hombre hubo de adquirir íntegramente por sí solo (pues de haber sido innatas, también serían <Ak. VIII 111> hereditarias y esto es algo que contradice \ la experiencia); pero ahora le supongo ya provisto de tales habilidades, con el fin de tomar en consideración simplemente el desarrollo de lo moral en sus acciones, lo cual presupone necesariamente esa habilidad.

El instinto, esa *voz de Dios* que obedecen todos los animales, era lo único que guiaba inicialmente al hombre inexperto. Este instinto le permitía alimentarse con algunas cosas, prohibiéndole otras (Génesis, III, 2-3). Pero no es necesario suponer un instinto especial –hoy ya perdido– para tal fin; pudo muy bien tratarse del sentido del olfato y de su afinidad con el órgano del gusto –es conocida la simpatía de este último con los órganos de la digestión, observándose todavía hoy la capacidad de presentir si una comida será o no agradable para el gusto. Es más, no

* *El impulso de comunicarse* ha de haber movido al hombre, todavía solitario, a notificar su existencia a otros seres vivos de su entorno, especialmente a aquellos que emitían algún sonido que él pudo imitar y utilizar más tarde para nombrarlos. Hoy en día cabe apreciar un efecto semejante de dicho impulso en los niños y en los dementes, los cuales molestan al resto \ de la comunidad con su matraca <Ak. VIII 111> de gritos, silbidos, canturreos y otros entretenimientos bulliciosos (que con frecuencia son auténticas letanías). Pues no veo ningún otro móvil para este comportamiento que el querer dar a conocer su existencia por doquier.

hay por qué suponer que este sentido estaba más agu-
dizado en la primera pareja de lo que lo está hoy en
día, pues es de sobra conocida la diferencia existente
en la capacidad de percibir entre aquellos hombres
que sólo se ocupan de sus sentidos y los que, al mismo tiempo, lo hacen de sus pensamientos, apartán-
dose por ello de sus sensaciones.

Mientras el hombre inexperto obedeció esa llamada de la Naturaleza, se encontró a gusto con ello.
Pero en seguida la *razón* comenzó a despertarse dentro de él y, mediante la comparación de lo ya saboreado con aquello que otro sentido no tan ligado al instinto –cual es el de la vista– le presentaba como
similar a lo ya degustado, el hombre trató de ampliar
su conocimiento sobre los medios de nutrición más
allá de los límites del instinto (Génesis, IV)[3]. Este intento habría podido salir bastante bien, aunque no lo
dispusiera el instinto; bastaba con no contradecirlo.
Sin embargo, una propiedad característica de la razón es que puede fingir deseos con ayuda de la imaginación, no sólo *sin* contar con un impulso natural en-
caminado a ello, sino incluso *en contra* de tal impulso;
tales deseos reciben en un principio el nombre de
concupiscencia, pero en virtud de ellos se fue traman-
do poco a poco todo un enjambre de inclinaciones
superfluas y hasta antinaturales que son conocidas

---

3. En la edición de la Academia se mantiene un pequeño error del
texto kantiano que –como indica Vorländer– fue subsanado por
Schubert (cfr. I. Kant, *Kleinere Schriften zur Geschichtsphilosophie,
Ethik und Politik,* Felix Meiner Verlag, Hamburgo, 1973, p. 50). No
se trata del capítulo VI del Génesis, sino del IV. [*N. T.*]

bajo la etiqueta de *voluptuosidad*. El motivo para re-
negar de los impulsos naturales pudo ser una insignificancia, pero el éxito de este primer intento, es decir,
<Ak. VIII 112> el tomar conciencia de \ su razón como una facultad
que puede sobrepasar los límites donde se detienen
todos los animales fue algo muy importante y decisivo para el *modus vivendi* del hombre. Aun cuando
sólo se tratara de un fruto cuyo aspecto –dada su semejanza con otros frutos admitidos que se habían
probado antes– incitaba al intento, si a esto se añade
el ejemplo de un animal a cuya naturaleza esa degus-
tación le era tan apropiada como, por el contrario, le
resultaba perjudicial al hombre –en quien existía un
instinto natural contrario a tal ensayo que se oponía
con fuerza al mismo–, todo ello pudo proporcionar a
la razón la primera ocasión de poner trabas a la voz
de la Naturaleza (Génesis, III, 1) y, pese a su contradicción, llevar a cabo el primer ensayo de una elección libre que, al ser la primera, probablemente no
colmó las expectativas depositadas en ella. Si bien el
daño pudo resultar tan insignificante como se quiera,
el caso es que gracias a él se le abrieron los ojos al
hombre (Génesis, III, 7). Éste descubrió dentro de sí
una capacidad para elegir por sí mismo su propia manera de vivir y no estar sujeto a una sola forma de
vida como el resto de los animales. A la satisfacción
momentánea que pudo provocarle el advertir ese privilegio, debieron seguir de inmediato el miedo y la
angustia: cómo debía proceder con su recién descubierta capacidad quien todavía no conocía nada respecto a sus cualidades ocultas y sus efectos remotos.

Se encontró, por decirlo así, al borde de un abismo, pues entre los objetos particulares de sus deseos –que hasta entonces le había consignado el instinto– se abría ante él una nueva infinitud de deseos cuya elección le sumía en la más absoluta perplejidad; sin embargo, una vez que había saboreado el estado de la libertad, ya le fue imposible regresar al de la servidumbre (bajo el dominio del instinto).

Junto al instinto de nutrición –en virtud del cual la Naturaleza conserva al individuo– se destaca el *instinto sexual* –mediante el que vela por la conservación de la especie–. La razón, una vez despierta, no tardó en probar también su influjo a este instinto. Pronto descubrió el hombre que la excitación sexual –que en los animales depende únicamente de un estímulo fugaz y por lo general periódico– era susceptible en él de ser prolongada e incluso acrecentada gracias a la imaginación, que ciertamente desempeña su cometido con mayor moderación, pero asimismo con mayor duración y regularidad, cuanto más *sustraído a los sentidos* se halle el objeto, evitándose así el tedio que conlleva la satisfacción de un mero \ deseo animal. La hoja de parra (Génesis, III, 7) fue, por lo tanto, el producto de una manifestación de la razón mucho mayor que la evidenciada en la primera etapa de su desarrollo, pues al hacer de una inclinación algo más profundo y duradero, sustrayendo su objeto a los sentidos, muestra ya la conciencia de un dominio de la razón sobre los impulsos y no –como en su primer paso– una mera capacidad de prestar a éstos un servicio de mayor o menor alcance. La *abstención* fue

<Ak. VIII 113>

el ardid empleado para pasar de los estímulos meramente sentidos a los ideales, pasándose así paulatinamente del mero deseo animal al amor y, con éste,
del sentimiento de lo meramente agradable al gusto
por la belleza, apreciada sólo en los hombres al principio, pero también en la Naturaleza más tarde. La
decencia, una inclinación a infundir en los otros un
respeto hacia nosotros gracias al decoro (u ocultación
de lo que podría incitar al menosprecio), en tanto
que verdadero fundamento de toda auténtica sociabilidad, proporcionó además la primera señal para la
formación del hombre como criatura moral. Un comienzo nimio, pero que hace época al conferir una
orientación completamente nueva a la manera de
pensar, siendo más importante que toda la interminable serie de logros culturales dados posteriormente.

El tercer paso de la razón –tras haberse entremez-
clado con las necesidades primarias sentidas de un
modo inmediato– fue la reflexiva *expectativa de futuro.* Esta capacidad de gozar no sólo del momento actual, sino también del venidero, esta capacidad de hacerse presente un tiempo por venir, a menudo muy
remoto, es el rasgo decisivo del privilegio humano,
aquello que le permite trabajar en pro de los fines
más remotos con arreglo a su destino –pero al mismo
tiempo es asimismo una fuente inagotable de preocupaciones y aflicciones que suscita el futuro incierto,
cuitas de las que se hallan exentos todos los animales
(Génesis, III, 13-19)–. El hombre, que había de alimentarse a sí mismo, junto a su mujer y sus futuros
hijos, comprobó la fatiga siempre en aumento de su

trabajo; la mujer presumió las cargas a las que la Naturaleza había sometido a su sexo y aquellas que por añadidura le imponía el varón, más fuerte que ella. Ambos anticiparon con temor, como telón de fondo para una vida tan fatigosa, algo que sin duda también afecta inevitablemente a todos los animales, pero no les preocupa en absoluto: la muerte; por todo ello, les pareció que habían de proscribir y considerar delictivo ese uso de la razón que les había ocasionado todos esos males. Pervivir en su posteridad –imaginando que le irán mejor las cosas– o mitigar sus penas en tanto que \ miembro de una familia, quizá fue la única perspectiva consoladora que les alentaba (Génesis, V, 16-20). <Ak. VIII 114>

El cuarto y último paso dado por la razón eleva al hombre muy por encima de la sociedad con los animales, al comprender éste (si bien de un modo bastante confuso) que él constituye en realidad el *fin de la Naturaleza* y nada de lo que vive sobre la tierra podría representar una competencia en tal sentido. La primera vez que le dijo a la oveja: *la piel que te cubre no te ha sido dada por la Naturaleza para ti, sino para mí,* arrebatándosela y revistiéndose con ella (Génesis, V, 21), el hombre tomó conciencia de un privilegio que concedía a su naturaleza dominio sobre los animales, a los que ya no consideró como compañeros en la creación, sino como medios e instrumentos para la consecución de sus propósitos arbitrarios. Tal concepción implicaba (aunque oscuramente) la reflexión contraria, esto es, que no le era lícito tratar así a *hombre* alguno, sino que había de considerar a todos ellos como copartícipes iguales en los dones de la Naturaleza; una remota preparación para las limitaciones que en el futuro debía imponer la razón a la voluntad en la consideración de sus semejantes, lo cual es mucho más necesario para el establecimiento de la sociedad que el afecto y el amor.

Y así se colocó el hombre en pie de *igualdad con todos los seres racionales,* cualquiera que sea su rango (Génesis, III, 22), en lo tocante a la pretensión de *ser un fin en sí mismo,* de ser valorado como tal por los demás y no ser utilizado meramente como medio para otros fines. En esto, y no en la razón considerada como mero instrumento para la satisfacción de las distintas inclinaciones, está enraizado el fundamento de la absoluta igualdad de los hombres incluso con seres superiores que les aventajen de modo incomparable en materia de disposiciones naturales, pues esta circunstancia no le concede a ninguno de ellos el derecho de mandar caprichosamente sobre los seres humanos. Este paso se halla vinculado a su vez con la *emancipación* por parte del hombre del seno materno de la Naturaleza; una transformación ciertamente venerable, pero cuajada al mismo tiempo de peligros, puesto que le expulsó del estado cándido y seguro de la infancia, cual de un jardín donde se abastecía sin esfuerzo alguno (Génesis, V, 23), arrojándole al vasto mundo, en donde le esperan tantas preocupaciones, fatigas y males desconocidos. Más adelante la dureza de la vida le insuflará cada vez con más frecuencia el anhelo de un paraíso, fruto de su imaginación, en el que pudiera pasar su existencia soñando y retozan-

do \ en una tranquila ociosidad y una paz duradera. <Ak. VIII 115>
Pero entre él y esa imaginaria morada del deleite se
interpone la perpleja razón, impulsora irresistible del
desarrollo de las capacidades en él depositadas, no
consintiendo ésta que el hombre regrese al estado de
tosquedad y simpleza del que ella lo había sacado
(Génesis, V, 24). La razón le incita a aceptar pacien-
temente la fatiga que detesta, a perseguir el oropel
que menosprecia y a olvidar la propia muerte, que
tanto le horroriza, superponiendo todas aquellas me-
nudencias cuya pérdida teme todavía más.

Observación

En esta exposición de la primitiva historia humana se
hace patente que la salida del hombre del paraíso
–presentado por la razón como la primera morada de
la especie– no consistió sino en el tránsito de la rudeza propia de una simple criatura animal a la humanidad, de las andaderas del instinto a la guía de la razón, en una palabra, de la tutela de la Naturaleza al
estado de libertad. Cuando se considera el destino de
su especie, que no consiste sino en *progresar* hacia la
perfección (pues por muy defectuosos que puedan
resultar los primeros intentos por alcanzar esa meta,
éstos se verán continuados por una larga serie de descendientes), la cuestión no es si el hombre ha salido
ganando o perdiendo con ese cambio. Ahora bien,
mientras este decurso de las cosas representa para la
especie un *progreso* de lo peor hacia lo mejor, no su-

pone exactamente lo mismo de cara al individuo. Antes de que se despertara la razón no existía ningún mandato ni prohibición y, por consiguiente, tampoco transgresión alguna; mas tan pronto como emprendió su tarea y se mezcló –débil cual es– con la animalidad y las fuerzas de ésta, tuvieron que originarse males y, lo que es peor, junto a una razón cultivada surgieron vicios que eran totalmente ajenos al estado de ignorancia y, por lo tanto, a la inocencia. Así pues, el primer paso dado para alejarse de este estado significó en el aspecto moral una *caída;* en el aspecto físico la consecuencia de esa caída se tradujo en una multitud de males desconocidos hasta entonces por la vida, esto es, en un *castigo.* La historia de la *Naturaleza* comienza por el bien, pues es la *obra de Dios;* la historia de la *libertad* comienza por el mal, pues es *obra del hombre.* Para el individuo, que en el uso de su libertad sólo se considera a sí mismo, este cambio vino a significar una pérdida; para la Naturaleza, que <Ak. VIII 116> orienta \ hacia la especie su finalidad para con el hombre, representó sin embargo una ganancia. Por consiguiente, el individuo tiene motivos para autoinculparse de todos los males que padece y atribuirse a sí mismo toda la maldad que comete, pero al mismo tiempo también los tiene para admirar y alabar la sabiduría y regularidad de ese orden en tanto que miembro de la totalidad (de una especie). De ese modo pueden conciliarse entre sí y armonizarse con la razón aquellas tesis del célebre J. J. Rousseau que parecen contradecirse mutuamente y han sido tergiversadas tan a menudo. En sus escritos *sobre el influ-*

jo de la ciencias y *sobre la desigualdad de los hombres* muestra muy cabalmente el inevitable conflicto de la cultura con la naturaleza del género humano, como una especie *física* en la que cada individuo debiera alcanzar plenamente su destino; pero en su *Emilio,* en su *Contrato social* y en otros escritos vuelve a intentar solucionar un problema bastante más complicado: cómo ha de progresar la cultura para desarrollar las disposiciones de la humanidad conforme a su destino en cuanto especie *moral* sin entrar en contradicción con ella en tanto que especie natural. Contradicción de la cual (dado que la cultura con arreglo a verdaderos principios *de educación* dirigidos simultáneamente al hombre y al ciudadano quizá no se haya comenzado todavía a aplicar de un modo conveniente) surgen cuantos males afligen a la vida humana, así como todos los vicios que la deshonran*. No obstante, las \ incitaciones a los vicios –que suelen ser culpabilizadas– son en sí mismas buenas y adecuadas en tanto que disposiciones naturales, si bien al estar tales disposiciones ajustadas al mero estado natural se ven perjudicadas por el progreso de la cultura y viceversa, hasta que el arte en su perfeccionamiento se tor-

<Ak. VIII 117>

---

* Para citar únicamente algunos ejemplos de este conflicto entre el afán de la humanidad por obtener de un lado su destino moral, continuando invariable por otra parte el seguimiento de las leyes depositadas en su naturaleza con miras al tosco estado animal, aduciré los siguientes ejemplos.
La época de la emancipación (esto es, tanto del impulso como de la capacidad para procrear a su especie) ha sido fijada por la Naturaleza entre los dieciséis y los diecisiete años, una edad en la que

<Ak. VIII 118> na \ nuevamente Naturaleza: lo que constituye el fin último del destino moral de la especie humana.

Desenlace de la historia

El siguiente período comenzó al pasar el hombre de una época de paz y tranquilidad a otra de *trabajo y*

dentro del estado de naturaleza el adolescente se convierte literalmente en un hombre, pues ya posee entonces la capacidad de mantenerse a sí mismo, así como la de procrear a su especie y alimentar a su prole junto a su mujer. La sencillez de tales necesidades hace que esto le resulte una tarea fácil. En cambio, la civilización hace entrar en juego muchos medios de subsistencia que requieren no sólo habilidad, sino también circunstancias externas favorables, de suerte que esa época suele retrasarse para el ciudadano cuando menos un promedio de diez años. Sin embargo, la Naturaleza no ha modificado el período de madurez con arreglo al progreso del refinamiento social, sino que observa tenazmente su ley, establecida por ella misma para la conservación de la especie humana en tanto que especie animal. De este desfase surge un inevitable perjuicio mutuo entre los fines de la Naturaleza y \ las costumbres. Pues el hombre natural es ya hombre a una cierta edad, mientras que el hombre civil (que pese a todo no deja de ser natural) sólo es un adolescente e incluso un niño, ya que así puede llamarse a quien por su edad no puede (en el estado civil) mantenerse por sí mismo y mucho menos a su descendencia, aunque sí tenga el impulso y la capacidad de procrearla (esto es, sienta la llamada de la Naturaleza en tal sentido). Porque a buen seguro la Naturaleza no ha dotado de instintos y capacidades a los seres vivos para que los combatan y repriman. En definitiva, tales disposiciones no apuntaban en absoluto hacia el estado civilizado, sino sólo a la conservación de la especie en tanto que especie animal, entrando aquél en inevitable contradicción con ésta, contradicción que sólo podría hacer desaparecer una constitución civil perfecta (el fin último de la cultura), mientras que por ahora ese espacio intermedio suele colmarse habitualmente con vicios y toda su secuela de miserias humanas.

<Ak. VIII 117>

discordia, como preludio de su agrupación en sociedad. Llegados a este punto tenemos que dar nuevamente un gran salto cronológico e imaginar de repente al hombre en posesión de animales domésticos, así como de productos hortícolas que él mismo podía reproducir mediante su siembra y cultivo (Génesis, IV, 2), si bien el paso de la vida salvaje del cazador a la domesticación de los animales y el de la esporádica extracción de raíces o recolección de frutos al cultivo hortícola debió de producirse con bastante lentitud. En ese momento hubo de surgir la discordia entre unos hombres que habían convivido pacíficamente

Otra prueba sobre la certeza de esa tesis respecto a que la Naturaleza ha depositado en nosotros disposiciones tendentes a dos fines diversos, cuales son el de la humanidad en tanto que especie animal y el de ella misma en cuanto especie moral, es el *Ars longa, vita brevis* de Hipócrates[4]. Las ciencias y las artes podrían avanzar mucho más gracias a una cabeza ya hecha a ellas, la cual ha llegado a la madurez del juicio tras el estudio prolongado y un saber arduamente conquistado, que con los logros realizados por generaciones enteras de sabios, con tal de que aquella cabeza mantuviera el vigor juvenil de su espíritu tanto tiempo como le ha sido concedido al conjunto de tales generaciones. Sin embargo, es evidente que en lo tocante a la duración de la vida humana la Naturaleza ha tomado su decisión desde un punto de vista distinto al de la promoción de las ciencias. Pues cuando la mente más afortunada se encuentra a punto de realizar los mayores descubrimientos que cabe esperar de su talento y experiencia, sobreviene la vejez, se vuelve torpe y tiene que dejar a una segunda generación (que comienza de nuevo por el «abc» y ha de recorrer otra vez todo el trayecto que ya se había cubierto) la tarea de añadir un

4. Hipócrates, *Aforismos,* 1, 1 (cfr. *Tratados hipocráticos,* Ed. Gredos, Madrid, 1983, pp. 243 y 213 y ss.). El aforismo es comentado por Kant en algunas de sus *Reflexiones* (cfr. 2030 y 2085, en Ak. XVI 203 y 227, respectivamente). [*N. T.*]

hasta entonces, siguiéndose de ello la escisión de los mismos en diversas formas de vida y su dispersión sobre la tierra. La *vida del pastoreo* no sólo es apacible, sino que proporciona asimismo un sustento seguro, ya que el pasto no puede escasear en un suelo despoblado por doquier. En cambio, la *agricultura* es muy penosa por depender de las veleidades del clima, lo que la convierte en algo bastante inseguro, requiriendo además una vivienda estable, la propiedad del

palmo más al progreso de la cultura. La marcha de la especie humana hacia el pleno cumplimiento de su destino parece verse por ello interrumpida constantemente y estar en continuo peligro de volver a caer en la tosquedad primitiva. No le faltaba razón al filósofo griego que así se lamentaba: *¡Lástima que uno haya de morirse justo cuando ha empezado a vislumbrar cómo debía vivir en realidad!*[5].

Un tercer ejemplo puede proporcionarlo la *desigualdad* entre los hombres y, ciertamente, no la desigualdad de los dones naturales o de los medios de fortuna, sino del *derecho humano* en general; <Ak. VIII 118> una desigualdad que Rousseau recrimina con toda \ justicia, pero que es inseparable de la cultura mientras ésta avance sin plan alguno (lo que, de otro lado, resulta inevitable durante un largo tiempo) y a la que con toda seguridad la Naturaleza no había destinado al hombre, pues al otorgarle libertad y razón, dicha libertad no podía verse limitada sino por su propia legalidad universal externa, que recibe el nombre de *derecho civil*. El hombre debía lograr salir por sí mismo de la rudeza de sus disposiciones naturales, pero poniendo cuidado en no contravenirlas al elevarse por encima de ellas; una habilidad con la que sólo puede contar tardíamente después de muchos intentos fallidos, y en ese intervalo de tiempo la humanidad se queja amargamente de los males que por inexperiencia se inflige a sí misma.

---

5. En otro lugar (cfr. *Bemerkungen zu den Beobachtungen,* Ak. XX 49) Kant atribuye tal aserto a Teofrasto. El argumento cuenta con pasajes paralelos tanto en las *Lecciones de Ética* (cfr. Ak. XXVII 1, 462) como en la *Antropología* (cfr. Ak. VII 325-326). [*N. T.*]

suelo y un poder suficiente para defenderlo. Pero el pastor odia esa propiedad que coarta su libertad de pastoreo. En algún sentido podría parecer que el agricultor envidia al pastor considerándole más favorecido por el cielo (Génesis, IV, 4); sin embargo, de hecho, éste le resulta muy molesto en tanto que vecino, pues el ganado \ que pasta no respeta sus cultivos. Y como al pastor le es muy fácil alejarse con su ganado una vez que ha dañado esos cultivos, sustrayéndose así a toda reparación, porque no abandona nada que no pueda volver a encontrar en cualquier parte, el agricultor se vio obligado a emplear la violencia contra tales perjuicios, desmanes que por su parte el pastor no consideraba ilícitos y (como quiera que esta instigación podía no cesar nunca) hubo de *alejarse* lo más posible de aquellos que practicaban el pastoreo, con el fin de no perder los frutos de su penoso trabajo (Génesis, IV, 16). Esta diáspora inaugura la tercera época.

<Ak. VIII 119>

Un suelo de cuyo cultivo y vegetación (sobre todo del arbolado) dependa el sustento hace necesarias las viviendas permanentes, requiriendo su defensa contra posibles ataques un grupo de hombres que se presten ayuda mutua. Así pues, con este modo de vida los hombres ya no se podían dispersar en grupos familiares, sino que habían de permanecer juntos y constituir pequeñas comunidades (denominadas impropiamente *ciudades)* para proteger su propiedad contra cazadores salvajes u hordas de pastores trashumantes. Las necesidades básicas más vitales, cuya adquisición requiere un *modo de vida diferente* (Génesis, IV, 20), podían ahora *ser intercambiadas*. A raíz de esto tuvo que surgir la *cultura* y dio sus primeros pasos el *arte,* tanto el del ocio como el del negocio (Génesis, IV, 21-22), pero –y esto es mucho más importante– también surgió cierta disposición para la constitución civil y la justicia pública, en principio con las miras puestas únicamente en la enorme violencia cuya venganza no queda ya en manos del individuo, como ocurría en el estado salvaje, sino en las de un poder legal que se ve respaldado por el conjunto de la sociedad, constituyéndose una especie de gobierno sobre el que no cabe ejercer violencia alguna (Génesis, IV, 23-24). A partir de esta primera y tosca disposición pudo desarrollarse paulatinamente todo el arte humano, cuyos exponentes más beneficiosos son la s*ociabilidad* y la *seguridad civil,* pudo multiplicarse el género humano y extenderse por todas partes como en las colmenas, enviando desde un punto central colonizadores ya experimentados. En esta época también hizo su aparición la *desigualdad* entre los hombres, ese rico manantial de tantos males, pero asimismo de todo bien, desigualdad que se fue acrecentando en lo sucesivo.

Mientras que los pueblos de pastores nómadas –que sólo reconocen a Dios como su señor– acosaron a los habitantes de las ciudades y a las gentes del campo \ –quienes tienen a un hombre (soberano) por señor (Génesis, VI, 4)*–, hostigándoles como enemi-

<Ak. VIII 120>

---

* *Los beduinos* árabes se llaman todavía hijos de un antiguo *jeque,* fundador de su estirpe (como Beni Haled y otros por el estilo).

gos declarados de sus haciendas y granjeándose así su odio, hubo en verdad guerra continua entre ambos o, cuando menos, un constante peligro de guerra, por lo que los dos bandos pudieron *disfrutar,* al menos interiormente, del inestimable bien de la libertad (pues la amenaza de guerra es, incluso hoy en día, lo único que modera el despotismo, porque actualmente un Estado precisa de mucha riqueza para convertirse en una potencia y sin *libertad* no se darían las iniciativas que pueden crear esa riqueza. En un pueblo pobre ha de suplantarse la riqueza por una gran participación en el mantenimiento de la comunidad, lo que a su vez no es posible si no se siente libre). Mas, andando el tiempo, el creciente lujo de los habitantes de la ciudad, y en especial el arte de agradar mediante el que las mujeres de la ciudad eclipsaron a las desaliñadas muchachas del desierto, debió de ser un poderoso aliciente para aquellos pastores (Génesis, VI, 2), que entraron en contacto con éstas y se instalaron en la brillante miseria de la ciudad. Siendo así que gracias a la fusión de estas dos poblaciones otrora enemigas entre sí cesaron simultáneamente el peligro de guerra y toda libertad, de modo que el despotismo de poderosos tiranos entremezcló en una cultura apenas incipiente la huera suntuosidad de la más abyecta esclavitud con todos los vicios del estado primitivo y, sin

---

Dicho *šaij* no es en modo alguno su *señor* y no puede ejercer un poder despótico sobre ellos. Pues en un pueblo de pastores, al no tener bienes raíces que haya de abandonar, cada familia a la que desagrade algo puede abandonar fácilmente su tribu para engrosar las filas de otra.

oponer resistencia alguna, el género humano se apartó del progreso que la Naturaleza le había prescrito en el despliegue de sus disposiciones orientadas hacia el bien; por ello, se hizo indigno incluso de su existencia, ya que se trata de una especie destinada a dominar sobre la tierra y no a gozar como las bestias o a servir como los esclavos (Génesis, VI, 17).

Observación final

El hombre reflexivo siente una desazón (desconocida por el que no lo es) que puede dar lugar a la desmoralización. Se trata del descontento con la Providencia que rige la marcha del mundo \ en su conjunto, cuando se pone a calcular los males que afligen al género humano con tanta frecuencia y –a lo que parece– sin esperanza de una mejora. Sin embargo, es de suma importancia el *estar satisfecho con la Providencia* (aunque nos haya trazado un camino tan penoso sobre la tierra), en parte para cobrar ánimo en medio de tantas penalidades y, de otro lado, para evitar la tentación de responsabilizar por completo al destino, no perdiendo de vista nuestra propia culpa, que acaso sea la única causa de todos esos males, con el fin de no desaprovechar la baza del autoperfeccionamiento.

Se ha de reconocer que las mayores desgracias que afligen a los pueblos civilizados nos son acarreadas por la *guerra* y, en verdad, no tanto por las guerras actuales o las pretéritas, cuanto por los *preparativos* para la próxima, por ese rearme nunca interrumpido e incesantemente incrementado que tiene lugar por temor a una guerra futura. A tal efecto se aplican todos los recursos del Estado, todos los frutos de su cultura que tan bien podrían emplearse en acrecentar ésta; en muchos lugares se inflige un notable perjuicio a la libertad y la maternal previsión del Estado para con los individuos se transforma en severas e implacables exigencias, justificadas pese a todo por el temor de un peligro exterior. Ahora bien, ¿acaso tropezaríamos con esta cultura, con la estrecha relación que mantienen los distintos estamentos de una comunidad para el fomento recíproco de su bienestar, con la población e incluso con el grado de libertad que todavía queda a pesar de hallarse bajo leyes muy restrictivas, si aquella guerra siempre temida no infundiera hasta en los propios jefes de Estado ese *respeto por la humanidad?* Bastará con considerar el caso de China, susceptible por su enclave de sufrir un ataque inesperado, pero que ha borrado de su feudo cualquier vestigio de libertad al carecer de un enemigo lo bastante poderoso como para temerle. Así pues, dado el nivel cultural en el que se halla todavía el género humano, la guerra constituye un medio indispensable para seguir haciendo avanzar la cultura; y sólo después de haberse consumado una cultura –sabe Dios cuándo– podría sernos provechosa una paz perpetua, que además sólo sería posible en virtud de aquélla. Por lo tanto, en lo que atañe a este punto nosotros mismos somos los culpables de los males sobre los que tan amargamente nos quejamos; y la Sagrada Escritura acierta de lleno al presentar la fusión de los pueblos en una sociedad y su plena liberación de un peligro exterior, habida cuenta de que su cultura apenas había comenzado, como un grave impedimento para cualquier avance cultural posterior y como el estancamiento en una decadencia irremediable. \

<Ak. VIII 122> *La segunda insatisfacción* de los hombres atañe al orden de la Naturaleza con respecto a la *brevedad de la vida.* Ciertamente uno ha de estar muy equivocado en la estimación de su valor, cuando desea que se prolongue aún más su duración efectiva, pues esto no supondría sino la prolongación de un juego en constante lucha contra intensas penalidades. En cualquier caso, no se puede tomar a mal un criterio infantil que teme a la muerte sin amar la vida, pues a pesar de que le resulta difícil sobrellevar cada día de su existencia con medianera satisfacción, nunca le bastan los días para repetir ese tormento. Pero si reparamos únicamente en la cantidad de tribulaciones que nos afligen a la hora de obtener los recursos necesarios para mantener una vida tan corta, si consideramos cuántas injusticias se cometen en aras de la esperanza de un goce futuro por efímero que pueda resultar, entonces habremos de creer razonablemente que si los hombres pudieran alcanzar un ciclo vital de ochocientos años o más, el padre podría llegar a temer por su vida delante del hijo, el hermano frente al hermano y el amigo junto al amigo, cabiendo asimismo presumir que los vicios de una humanidad tan longeva se elevarían hasta cotas tales que su mejor y más digno destino sería el de desaparecer de la faz de la tierra bajo un diluvio universal (Génesis, VI, 12-13).

El *tercer* deseo (o más bien vano anhelo, pues uno se da cuenta de que lo deseado nunca podrá tocarnos en suerte) es el espectro de esa *edad de oro* tan ensalzada por los poetas, donde nos desharíamos de toda necesidad artificial con que nos agobia la opulencia, contentándonos con la mera necesidad natural y en la que se daría una igualdad universal, además de una paz perpetua, entre los hombres, en una palabra, el puro goce de una vida despreocupada, ociosamente onírica o puerilmente retozona: una nostalgia que hace muy seductores a los Robinsones y a los viajes hacia las islas del Sur, pero que por encima de todo pone de manifiesto el hastío experimentado por el hombre reflexivo en una vida civilizada, cuando éste intenta cifrar el valor de tal vida exclusivamente en el *placer* y toma en cuenta el contrapeso de la pereza si la razón le recuerda que ha de dar un valor a la vida por medio de *acciones*. La futilidad de este deseo de retorno a una época de sencillez e inocencia queda bien patente en la descripción que hicimos anteriormente del estado originario: el hombre no puede mantenerse en él \ porque no le satisface, por lo que <Ak. VIII 123> tanto menos inclinado se hallará a volver de nuevo a ese mismo estado; así que siempre ha de atribuirse a sí mismo y a su propia elección el actual estado de penalidades.

Por consiguiente, de cara a la instrucción y perfeccionamiento del hombre esta representación de su historia le reporta un gran provecho y utilidad, pues le muestra que no debe culpar a la Providencia por los males que le afligen, así como que tampoco tiene derecho a descargar su propia falta en un pecado original de sus primeros padres, como si éste hubiera convertido en hereditaria para la posteridad una inclinación a transgresiones similares (pues las acciones arbitrarias no pueden conllevar nada hereditario), sino que ha de asumir con pleno derecho lo hecho por aquéllos como si lo hubiera hecho él mismo y debe atribuirse enteramente a sí mismo la culpa de todos los males que se originaron del uso impropio de la razón, pues puede advertir con clara conciencia que en idénticas circunstancias se habría comportado de igual modo y su primer uso de la razón hubiera consistido en abusar de ella (aun en contra de las indicaciones de la Naturaleza). Y si ese extremo queda justificado moralmente, es harto difícil que los males propiamente físicos puedan arrojar un saldo a nuestro favor en este balance de mérito y culpa.

Y éste es el factor decisivo de una primitiva historia humana esbozada por la filosofía: satisfacción con la Providencia y con el curso de las cosas humanas en su conjunto, que no avanza elevándose de lo bueno a lo malo, sino que se despliega poco a poco hacia lo mejor partiendo de lo peor; progreso al que cada uno está llamado por la Naturaleza a colaborar en la parte que le corresponda y en la medida de sus fuerzas.

Teoría y práctica

En torno al tópico: «Eso vale para la teoría pero no sirve de nada en la práctica»[1]

---

1. Esta versión castellana, que ha sido corregida para esta edición, fue realizada conjuntamente con Manuel Francisco Pérez López (de cuyo buen hacer aprendí mucho) y se publicó en la editorial Tecnos (Madrid, 1986), donde tuvo sucesivas reimpresiones. [*N. T.*]

Se denomina *teoría* incluso a un conjunto de reglas <Ak. VIII 275>
prácticas, siempre que tales reglas sean pensadas como
principios, con cierta universalidad, y por tanto siempre que hayan sido abstraídas de la multitud de condiciones que concurren necesariamente en su aplicación.
Por el contrario, no se llama *práctica* a cualquier mani-
pulación, sino sólo a aquella realización de un fin que
sea pensada como el cumplimiento de ciertos principios de conducta representados con universalidad.

Por muy completa que sea la teoría, salta a la vista
que entre la teoría y la práctica se requiere aún un término medio como enlace y tránsito de la una hacia la
otra, pues al concepto del entendimiento, concepto
que contiene la regla, se tiene que añadir un acto del
entendimiento por medio del cual el práctico distin-
gue si algo cae bajo la regla o no. Y como, por otra parte, para la facultad de juzgar no siempre se pueden dar

reglas conforme a las cuales tenga que regirse en la subsunción (porque se daría un *regressus in infinitum),* puede haber teóricos que nunca en su vida sean capaces de convertirse en prácticos, porque carecen de discernimiento; tal es el caso, por ejemplo, de médicos o juristas que han hecho bien sus estudios pero no saben cómo han de conducirse a la hora de dar un consejo. Mas aun contando con ese don natural, todavía puede haber una falta de premisas, esto es, puede suceder que la teoría sea incompleta y que acaso sólo quepa completarla mediante pruebas y experimentos ulteriores, a partir de los cuales el médico, el agricultor o el economista recién salidos de la escuela pueden y deben arbitrar nuevas reglas para completar su teoría. Por tanto, cuando la teoría sirve de poco para la práctica, esto no se debe achacar a la teoría, sino precisamente al hecho de que no había *bastante* teoría, de modo que el hombre hubiera debido aprender de la experiencia la teoría que le falta, y que es verdadera teoría aunque él no esté en condiciones de proporcionarla por sí mismo, ni de presentarla sistemáticamente en proposiciones universales, como un maestro; por consiguiente, aunque no pueda pretender la denominación de \ médico teórico, agricultor teórico u otras por el estilo. Así pues, nadie puede hacerse pasar por prácticamente versado en una ciencia y a la vez despreciar la teoría, sin reconocerse ignorante en su especialidad, por cuanto cree que con tanteos y experimentos realizados a ciegas puede ir más allá del punto hasta donde la teoría es capaz de conducirle, sin hacer acopio de ciertos principios (que constituyen, propiamen-

<Ak. VIII 276>

te, lo que se denomina teoría) y sin haber considerado globalmente su quehacer (lo cual, cuando se procede metódicamente, se llama sistema).

Pero que un ignorante, en su presunta práctica, considere a la teoría como innecesaria y superflua resulta, a pesar de todo, aún más tolerable que el hecho de que un experto le conceda un valor puramente escolar (en cierto modo sólo para ejercitar la cabeza), mientras sostiene, al propio tiempo, que en la práctica todo es bien distinto, que cuando uno sale de la escuela al mundo se percata de que ha estado persiguiendo vanos ideales y ensueños filosóficos; en una palabra: que lo que suena bien en la teoría carece de validez para la práctica (muy a menudo esto mismo es expresado así: esta o aquella proposición valen ciertamente *in thesi,* pero no *in hypothesi).* Ahora bien: uno se reiría, sin más, del mecánico empírico o del artillero que quisieran dar de lado, respectivamente, a la mecánica general o al cálculo matemático del bombardeo arguyendo que esas teorías sin duda están bien pensadas, pero que de nada valen en la práctica, pues en el ejercicio de ésta la experiencia proporciona resultados completamente distintos a los de la teoría (uno se reiría de eso porque, si a la primera se le añade la teoría de la fricción y a la segunda la de la resistencia del aire, por tanto añadiendo en definitiva aún más teoría, concordarían perfectamente bien con la experiencia). Sin embargo, todo adquiere un cariz completamente distinto según se trate de una teoría que concierne a objetos de la intuición o de aquellas teorías en que éstos sólo son representados mediante conceptos (como ocurre con los objetos de la matemática y de la filosofía); estas últimas teorías quizá pueden ser perfecta e irreprochablemente *pensadas* (por parte de la razón), pero acaso no puedan ser *dadas,* sino que tal vez sean meras ideas vacías de las cuales ningún uso cabe hacer en la experiencia, o hasta cupiera hacer un uso perjudicial. En tales casos, aquel dicho común estaría bien justificado.

Sólo en una teoría fundada sobre el *concepto del deber* se desvanece enteramente el recelo causado por la vacía idealidad de ese concepto. Pues no sería un deber <Ak. VIII 277> perseguir cierto efecto \ de nuestra voluntad si éste no fuera posible en la experiencia (piénseselo como ya consumado o en constante acercamiento a su consumación). Y en el presente tratado sólo nos ocuparemos de esta clase de teoría, porque a propósito de ella, y para escándalo de la filosofía, se pretexta con no poca frecuencia que lo que tal vez sea correcto en dicha teoría no es válido para la práctica, pretendiendo sin duda, con tono altivo y desdeñoso, lleno de arrogancia, reformar por medio de la experiencia a la razón misma, precisamente allí donde ésta sitúa su más alto honor; pretendiendo además que en las tinieblas de la sabiduría[2], con ojos de topo apegados a la

---

2. Los *Kant-Studien*, 80 (1989), 486-7, publicaron una reseña bibliográfica de la versión primera de nuestra traducción de la presente obra. Allí se nos reprocha, con cierta ligereza, la «confusión» de *Weisheitsdünkel* («afectación» o «presunción de sabiduría», que es sin duda la versión estrictamente literal del término, la reivindicada por el recensor) con *Weisheitsdunkel* («oscuridad» o «tinieblas de sabiduría», versión por la cual nosotros nos habíamos inclinado pese a su alejamiento de la literalidad). Se podrá advertir aquí que tal «confusión» prevalece, pues en ella incurrimos adrede. No parece improbable que en este pasaje Kant

experiencia, se puede ver más lejos y con mayor seguridad que con los ojos asignados a un ser que fue hecho para mantenerse erguido y contemplar el cielo.

Esa máxima –que ha llegado a ser bien común en
nuestros días, tan abundantes en dichos como parcos
en hechos– ocasiona el mayor daño cuando afecta al
ámbito moral (al deber de la virtud o del derecho),
pues se trata ahí del canon de la razón (en lo práctico),
donde el valor de la práctica depende por completo de
su conformidad con la teoría subyacente, y donde
todo está perdido cuando las condiciones empíricas
–por ende contingentes– de la ejecución de la ley se
convierten en condiciones de la ley misma, por tanto
cuando una práctica calculada en orden a un resultado
probable –probable con arreglo a la experiencia que se
acumuló *hasta la fecha*– queda autorizada para dominar la teoría, que es subsistente por sí misma.

Dividiré este tratado siguiendo los tres distintos
puntos de vista conforme a los cuales suele juzgar su
objeto ese hombre de honor[3] que tan atrevidamente

nos brinde un juego de palabras fundado justamente en la estrecha
proximidad que ambos términos poseen dentro de la lengua alemana, y
para confirmarlo basta la lectura del párrafo, todo él expresado en imá-
genes de oscuridad y claridad lumínicas («con ojos de topo apegados a
la experiencia [...] se puede ver más lejos y con mayor seguridad que con
los ojos asignados a un ser que fue hecho [...] para contemplar el cielo»).
Mas como resulta imposible traspasar esa anfibología a nuestra lengua
–y probablemente a cualquier otra–, preferimos optar por el que consi-
deramos menor de los males, a saber, por el segundo de los sentidos,
rehuyendo una rígida literalidad que, aun si protestan los recensores, se
despegaría del clima general del párrafo en la traducción. [*N. T.*]
3. Se refiere a Edmund Burke (1729-1797), cuyas *Reflections on the
Revolution in France* [trad. esp. *Reflexiones sobre la Revolución en*

reniega de teorías y sistemas; siguiendo, pues, una triple cualidad: 1) como hombre privado, pero con *ocupaciones y responsabilidades (Geschäftsmann); 2)* como *hombre político; 3)* como *cosmopolita* (o ciudadano del mundo). Estas tres personas coinciden en arremeter contra el *académico,* que elabora teorías para todos ellos y en su beneficio; y como ellos se figuran que entienden más del asunto, le indican que se vaya a su escuela *(illa se iactet in aula!)*[4], como a un pedante que, perdido para la práctica, no hace sino cerrarles el paso de su experimentada sabiduría.

Presentaremos, pues, la relación entre teoría y práctica en tres apartados: *primero,* en la *moral* en general (con las miras puestas en el bien de todo *hombre); segundo,* en la *política* (en relación con el bien de los *Estados); tercero,* desde un punto de vista *cosmopolita* (con vistas al bien del *género humano* en su conjunto, y en tanto que se lo concibe progresando hacia ese bien a través de la serie \ de todas las generaciones futuras). Los títulos de los apartados expresarán –por razones que se desprenden del propio tratado– la relación entre teoría y práctica en la *moral,* en el *derecho político* y en el *derecho internacional.*

Ak. VIII 278>

Francia, Alianza Editorial, Madrid, 2003; trad. y notas de Carlos Mellizo] (1790) debió leer Kant en la traducción alemana publicada por Friedrich Gentz en 1792; cfr. «Kant und Burke», *Historische Zeitschrift*, vol. 93, pp. 253 y ss. [*N. T.*]
4. Virgilio, *Eneida,* 1, 140 [*N. T.*]

I. Acerca de la relación entre teoría y práctica en la moral. (En respuesta a unas cuantas objeciones del profesor Garve)*

Antes de abordar el punto que realmente está en litigio –acerca de aquello que en el uso de uno y el mismo concepto pueda ser válido sólo para la teoría o también para la práctica– tengo que confrontar mi teoría, tal y como la he presentado en otros lugares,

* *Ensayos sobre distintas materias de moral y literatura*[5], por Ch. Garve, Primera parte, pp. 111-116. Denomino *objeciones* a la impugnación de mis tesis que hace este hombre benemérito, a propósito de aquello sobre lo cual desea (así lo espero) ponerse de acuerdo conmigo, y no la llamo «ataques», pues éstos, en tanto que afirmaciones condenatorias, habrían de incitar a una defensa, cosa para la que no es éste el lugar apropiado, ni va tampoco con mi talante.

_____

5. El título exacto de la obra en cuestión de Christian Garve (1742-1798) es *Ensayos sobre distintas materias de moral, literatura y vida social* (Breslau, 1792). El pasaje que comprende las pp. 111-116 es una observación a la p. 81 del primer tratado, que versa sobre la paciencia. [*N. T.*]

con la versión que da de ella el señor Garve, para ver de antemano si nos entendemos mutuamente.

A. De modo propedéutico, y a título de introducción, yo había definido la moral como una ciencia que enseña, no cómo hemos de ser felices, sino cómo hemos de llegar a ser dignos de la felicidad*. Junto con esto, tampoco he descuidado advertir que no por ello se exige al hombre, cuando se trata del cumplimiento del deber, *renunciar* a su fin natural, la felicidad, pues no puede hacerlo –como tampoco lo puede hacer en general ningún ser racional finito–, pero sí tiene que *prescindir* por completo de esa consideración cuando entra en juego el precepto del deber. De ningún modo tiene el hombre que convertir-

<Ak. VIII 279> la en *condición* del cumplimiento de la ley \ que la razón le prescribe; es más: en la medida en que le sea posible, procurará ser consciente de que en la determinación del deber no se mezcla inadvertidamente ningún *móvil* derivado de aquella consideración, cosa que se logrará presentando al deber conectado más bien con los sacrificios que cuesta su observancia (la virtud) que con las ventajas que nos comporta,

---

* La dignidad de ser feliz es aquella cualidad de una persona –cualidad que depende de la propia voluntad del sujeto– con arreglo a la cual una razón legisladora universal (tanto de la Naturaleza como de la voluntad libre) estaría de acuerdo con todos los fines de esa persona. Por tanto, es completamente distinta de la habilidad para procurarse dicha. Pues un hombre no es digno de esta habilidad, ni del talento que la Naturaleza le ha otorgado para ello, si tiene una voluntad disconforme con la única voluntad adecuada a una legislación universal de la razón y si esa voluntad suya no puede estar contenida dentro de esta última (es decir, si se opone a la moralidad).

para así representarse el precepto del deber en toda su dignidad, dignidad que exige obediencia incondicional, se basta a sí misma y no necesita de ningún otro influjo.

a) Mas el señor Garve expresa esta tesis mía así: yo habría sostenido que «la observancia de la ley moral, sin consideración alguna a la felicidad, es el *único fin final* para el hombre, y tal observancia habría de ser considerada como el único fin del Creador». (Según mi teoría, el único fin del Creador no es ni la moralidad del hombre por sí misma, ni la felicidad por sí sola, sino el supremo bien posible en el mundo, que consiste en la reunión y concordancia de ambos términos.)

B. Además, yo había hecho notar que esta concepción del deber no necesita aducir como fundamento ningún fin concreto, sino que *invoca,* más bien, otro fin para la voluntad del hombre: el de contribuir con todas sus fuerzas al bien *supremo* posible en el mundo (la felicidad universal del mundo entero, unida a la más pura moralidad y conforme con ésta). Lo cual, puesto que se halla sin duda a nuestro alcance en lo que atañe a uno de sus aspectos, mas no en lo que atañe a ambos conjuntamente, obliga a la razón, *desde un punto de vista práctico,* a creer en un Señor moral del mundo y en una vida futura. Desde luego, no como si sólo bajo la presuposición de ambas creencias cobrase el concepto universal del deber «apoyo y firmeza», esto es, un fundamento seguro y la fuerza requerida a un *móvil,* sino que sólo presuponiéndolas obtiene ese concepto universal del deber un *objeto* en aquel ideal de la razón pura*. Pues el deber no es de suyo sino una \ *limitación* de la voluntad

* La exigencia de admitir un *bien supremo* en el mundo –posible además gracias a nuestro concurso– como fin final de todas las cosas no es exigencia que nazca de una falta de móviles morales, sino de una falta de circunstancias externas en las cuales, y sólo en las cuales, puede ser realizado, de acuerdo con dichos móviles, un objeto que es fin en sí mismo (*fin final* moral). Pues no puede haber una *voluntad* completamente desprovista de fines, si bien es cierto que, cuando se trata simplemente de la coacción legal de las acciones, hay que prescindir de los fines y la ley constituye el único fundamento determinante de la voluntad. Pero no todo fin es moral (no lo es, por ejemplo, \ el de nuestra propia felicidad), sino que un fin de esa índole ha de ser desinteresado; y la exigencia de un fin final propuesto por la razón pura, fin que comprende el conjunto de todos los fines bajo un principio (esto es, un mundo como bien supremo, posible además gracias a nuestra cooperación), es una exigencia de la voluntad desinteresada, que *va más allá* de la observancia de las leyes formales y alcanza a la realización de un objeto (el bien supremo).

Esta determinación de la voluntad es de carácter muy peculiar, a saber, es una determinación por la idea del conjunto de todos los fines, idea en la cual radica el fundamento de que, *si* nos hallamos en ciertas relaciones morales con las cosas dentro del mundo, tengamos que obedecer siempre a la ley moral, y a esto se añade todavía el deber de procurar con todas nuestras fuerzas *que exista* semejante relación (un mundo ajustado a los fines éticos supremos). En este orden de cosas, el hombre se piensa análogamente a la divinidad, la cual, aun cuando subjetivamente no tenga necesidad de ninguna cosa externa, sin embargo no cabe pensar que se recluya dentro de sí misma, sino que está determinada a producir fuera de sí el bien supremo, incluso por ser consciente de su total suficiencia; esta necesidad (que en el hombre es deber) no puede ser representada *por nosotros* en el Ser supremo sino como una exigencia moral. De ahí que, entre los hombres, el móvil que estriba en la idea del supremo bien posible en el mundo –gracias a nuestra cooperación– no sea tampoco el de buscar en ello la propia felicidad, sino que es tan sólo esa idea como fin en sí misma, por tanto, su persecución como deber. Pues esa idea no contiene una perspectiva de felicidad sin más, sino sólo la perspectiva de una proporción entre ésta y la dignidad

a la condición de una legislación universal, posible mediante una máxima aceptada, cualquiera que sea el objeto o el fin de dicha voluntad (incluyendo también, por tanto, a la felicidad); pero aquí se prescinde enteramente de éste y de cualquier otro fin que se tenga. Por consiguiente, en la cuestión del *principio* de la moral se puede omitir totalmente y dejar a un lado (por anecdótica) la doctrina del *bien supremo* como fin último de una voluntad determinada por tal doctrina y conforme con las leyes de ella; en este sentido, se muestra a continuación que, al tratar el auténtico punto en litigio, no se tomará en cuenta para nada esa doctrina, sino sólo la moral en general.

b) El señor Garve presenta estas tesis en los siguientes términos: «El virtuoso nunca puede perder de vista ese aspecto (el de la propia felicidad), ni tampoco le es lícito hacerlo, porque de lo contrario perdería por completo el tránsito al mundo invisible, el tránsito hacia la convicción de que Dios y la inmortalidad existen, y esta convicción es absolutamente \ necesaria, según esta teoría, *para proporcionar apoyo y firmeza al sistema moral»;* y concluye con un buen resumen de las afirmaciones que me adjudica: «A consecuencia de aquellos principios, el virtuoso se esfuerza incesantemente por ser digno de la felicidad, pero *en la medida en que* es verdaderamente virtuoso jamás se esfuerza por ser feliz». (La expresión *en la medida en que* produce aquí una ambi- <Ak. VIII 281>

del sujeto, sea cual sea. Pero una determinación de la voluntad que se autolimite a tal condición y que a ella ciña su propósito de pertenecer a un todo semejante *no* es una determinación *interesada*.

güedad que debe ser subsanada de inmediato. Puede significar *en el acto de,* puesto que el virtuoso, al serlo, se somete a su deber, y entonces este enunciado concuerda plenamente con mi teoría. O bien que, si es en general virtuoso, sin más, no debe tomar en cuenta para nada a la felicidad, incluso en aquellos casos en que el deber no esté en juego ni se atente contra él, y en eso contradice por completo mis afirmaciones.)

Estas objeciones no son, por tanto, sino malentendidos (pues no me gusta considerarlas como tergiversaciones) cuya posibilidad tendría que causar extrañeza, si tal fenómeno no quedara suficientemente explicado por la humana propensión a juzgar el pensamiento ajeno con arreglo a las ideas propias, ya arraigadas por el hábito, involucrándolas en el juicio.

Mas a este polémico tratamiento del mencionado principio moral sigue una afirmación dogmática de lo contrario. Pues el señor Garve concluye analíticamente: «En el orden de los *conceptos,* la percepción y la distinción de los estados –merced a las cuales se otorga *preferencia* a un estado frente a otro– tiene que preceder a la elección de uno entre ellos y, por tanto, a la previa determinación de un cierto fin. Pero un estado que, al tenerlo presente y percibirlo, *es preferido* frente a otros modos de existencia por un ser dotado de conciencia de sí mismo y de su propio estado, es un estado *bueno;* y una serie de tales estados buenos es el concepto universalísimo que se expresa con la pala*bra felicidad».* Prosigue: «Una ley presupone motivos, pero a su vez los motivos presuponen la distinción –percibida de antemano– entre un estado peor y un estado mejor. Esta distinción percibida es el ingrediente elemental del concepto de felicidad». Continúa: «*De la felicidad* –en el sentido universalísimo de la palabra– *brotan los motivos de todo afán;* también, por tanto, los del cumplimiento de la ley moral. En definitiva, primero he de saber que algo es bueno, antes de que pueda preguntar si el cumplimiento de los deberes morales se inscribe dentro de la rúbrica del bien; el hombre ha de \ tener un *móvil* <Ak. VIII 282> que le ponga en movimiento, *antes* de que se le pueda indicar una *meta** hacia la cual este movimiento deba ser dirigido».

Este argumento no es más que un juego con la ambigüedad de la expresión *el bien.* Porque, o se considera al bien en oposición al mal en sí, y entonces es bueno en sí, incondicionalmente bueno, o se lo compara con el bien peor o mejor, y entonces sólo es condicionalmente bueno, por cuanto que el estado resultante de elegir este último es un estado sólo comparativamente mejor, pero en sí mismo puede ser malo.

La máxima de la observancia incondicionada de una ley que se impone al libre albedrío categórica-

---

* Esto es precisamente aquello en lo que hago más hincapié. El móvil que el hombre puede tener de antemano, antes de que le sea indicada una meta (fin), obviamente no puede ser sino la propia ley, en virtud del respeto que ésta infunde (sin determinar todavía qué fines quepa tener y alcanzar por su cumplimiento). Pues la ley, la consideración formal del arbitrio, es lo único que resta cuando he dejado fuera de juego la materia del arbitrio (la meta, como la llama el señor Garve).

mente, sin tomar en consideración ningún fin como fundamento (esto es, la máxima del deber), se ha de distinguir esencialmente, *por su índole,* de la máxima consistente en perseguir el fin que nos ha sido puesto por la Naturaleza misma como motivo para cierto modo de obrar (fin que, en general, se denomina «felicidad»). Pues la primera es buena en sí misma, mientras que la segunda en modo alguno lo es, sino que puede ser muy mala en caso de colisión con el deber. En cambio, cuando cierto fin es puesto como fundamento, y cuando, por tanto, ninguna ley manda incondicionalmente (sino sólo bajo la condición de ese fin), dos acciones contrapuestas pueden ser ambas condicionalmente buenas, sólo que una será mejor que la otra (y por eso se dirá que esta última es comparativamente mala), ya que no se distinguen entre sí por la *índole* sino únicamente *por el grado.* Y esto es lo que ocurre con todas las acciones cuyo motivo no es la ley incondicionada de la razón (el deber), sino un fin puesto arbitrariamente por nosotros como fundamento, dado que este fin pertenece a la suma de todos los fines cuya consecución se llama «felicidad», y como una acción puede contribuir más o menos que otra a mi felicidad, será por ello mejor o peor que la otra. Pero *preferir* un estado de determinación de la voluntad frente a otro es simplemente un acto de libertad (*res merae facultatis,* como dicen los juristas), en el que no se toma en cuenta para nada si esa determinación de la voluntad es buena o mala en sí, y, por tanto, resulta indiferente a este último respecto. \

Un estado en conexión con cierto *fin dado,* fin que <Ak. VIII 283> prefiero a cualquier otro *de la misma clase,* es un estado comparativamente mejor, a saber, mejor dentro del ámbito de la felicidad (a la cual *la razón* nunca reconocerá como *buena* más que de modo simplemente condicionado, en la medida en que uno sea digno de ella). Pero aquel estado en el que, en caso de colisión entre ciertos fines míos y la ley moral del deber, soy consciente de preferir este último, no es simplemente un estado mejor, sino el único bueno en sí: se trata de un bien perteneciente a otro ámbito completamente distinto, donde los fines que puedan ofrecérseme (y por ende su conjunto, la felicidad) no son tomados en cuenta para nada, y donde no es la materia del arbitrio (un objeto que se le ponga como fundamento), sino la mera forma de la legitimidad universal de su máxima, lo que constituye el fundamento de determinación de dicho arbitrio. Por tanto, no se puede decir en modo alguno que todo estado que yo *prefiera* frente a otros modos de existencia sea preferido por mí merced a un

* La felicidad abarca todo (y también sólo) lo que la naturaleza puede proporcionarnos; en cambio, la virtud contiene aquello que sólo el hombre mismo puede darse o quitarse. Si se argumentara en contra diciendo que el hombre, al desviarse de la virtud, puede siquiera atraerse reproches y dar lugar a una autorreprobación moral pura, por tanto al descontento, haciéndose con ello infeliz, eso, en todo caso, tal vez quepa concederlo. Pero de este descontento moral puro (que no resulta de las consecuencias desfavorables de su acción, sino de la propia ilegalidad de ésta) sólo es capaz el virtuoso o el que está en camino de serlo. Por consiguiente, tal descontento no es la causa, sino sólo el efecto de que aquél sea virtuoso, y la razón que mueve a ser virtuoso no pudo haberse sacado de esa infelicidad (si se quiere llamar así al malestar que resulta de una mala acción).

cálculo en aras de la felicidad, pues primero tengo que estar seguro de que no actúo contra mi deber; sólo después me está permitido atender a mi felicidad y ver en qué medida puedo conciliarla con mi estado moralmente (que no físicamente) bueno*.

Sin duda la voluntad ha de tener *motivos,* pero éstos no son ciertos objetos propuestos como fines y relativos al *sentimiento físico,* sino que son sólo la propia *ley* incondicionada; a tal efecto, la disposición de la voluntad a encontrarse bajo dicha ley como obligación incondicionada se llama *sentimiento moral;* éste no es, pues, la causa, sino el efecto de la determinación de la voluntad, y no tendríamos en nosotros la más mínima percepción de él si aquella obligación no le precediera en \ nosotros. De ahí que pertenezca a la esfera de las *frivolidades* sutiles aquella vieja cantinela según la cual este sentimiento –por tanto un placer que instituimos en fin nuestro– constituye la causa primera de determinación de la voluntad, haciendo de la felicidad (que contiene ese placer como ingrediente elemental) el fundamento de toda necesidad objetiva en el obrar; por consiguiente de todo deber. Pues si al asignar una causa a un cierto efecto no se puede dejar de seguir preguntando por las causas, se terminará convirtiendo al efecto en causa de sí mismo.

<Ak. VIII 284>

Y ahora llego al punto que realmente nos ocupa aquí, a saber, el de examinar y comprobar mediante ejemplos el interés, presuntamente contradictorio en filosofía, de la teoría y la práctica. La mejor prueba de esto la da el señor Garve en su tratado. Primero dice (refiriéndose a la distinción que encuentro entre una doctrina que nos enseña cómo debemos hacernos *felices* y aquella otra que nos indica cómo debemos hacernos *dignos* de la felicidad): «Por mi parte, confieso que en mi *cabeza* comprendo muy bien esta división de las ideas, pero no encuentro en mi *corazón* tal división entre deseos y aspiraciones; confieso incluso que me resulta inconcebible que un hombre pueda tener conciencia de haber soslayado sin más su propio anhelo de felicidad y, por tanto, de haber cumplido con el deber de forma completamente desinteresada».

Respondo, en primer lugar, a esto último. Desde luego, acepto de buen grado que ningún hombre pueda ser consciente, con certeza, de *haber cumplido* su deber de un modo absolutamente desinteresado, pues esto pertenece a la experiencia interna, y tal conciencia de su estado anímico supondría tener una representación clara y exhaustiva de todas las representaciones anejas y todas las consideraciones que asocian al concepto del deber la imaginación, la costumbre y la inclinación, cosa que en ningún caso puede ser exigida; además, en definitiva, la inexistencia de algo (por tanto también la de una ventaja pensada ocultamente) no puede ser objeto de experiencia. Sin embargo, que el hombre *debe cumplir* con su deber de un modo absolutamente desinteresado y *tiene que* separar completamente su anhelo de felicidad del concepto de deber, para que éste se posea en toda su pureza, es algo de lo que el hombre tiene conciencia con máxima claridad; y si creyera no tenerla, cabe exigirle que la tenga en la medida de sus fuerzas, porque justo en esa pureza se ha de hallar el verdadero valor de la moralidad y, por consiguiente, tiene que ser también capaz de ello. Quizá nunca un hombre haya cumplido con su deber –que reconoce e incluso venera– de un modo absolutamente desinteresado (sin mezcla \ de otros móviles); acaso jamás llegará nadie tan lejos ni aun con máximo esfuerzo. Pero, en la medida en que puede percibir su interior mediante el más esmerado autoexamen, es capaz de cobrar conciencia, no sólo de que no concurren tales motivos, sino más bien de su abnegación con respecto a muchos motivos contrapuestos a la idea del deber; por tanto, cobrará conciencia de la máxima que prescribe esforzarse en pro de aquella pureza. De eso sí es capaz, y eso es también suficiente para su observancia del deber. Por el contrario, favorecer el influjo que tienen tales motivos, si se convierte en máxima bajo el pretexto de que la naturaleza humana no permite lograr semejante pureza (cosa que, por otra parte, tampoco se puede asegurar), constituye la muerte de toda moralidad.

<Ak. VIII 285>

Mas por lo que se refiere a la confesión inmediatamente anterior del señor Garve, la de que su *corazón* no encuentra la división aquella (que propiamente es una separación), no tengo ningún escrúpulo en contradecir sin rodeos su autoinculpación y en asumir la defensa de su corazón frente a su cabeza. Él, que es un hombre recto, siempre encontró realmente en su corazón (en sus determinaciones de la voluntad) una división tal, sólo que ésta, en su cabeza, con fines especulativos y para comprender lo que es incomprensible (inexplicable), a saber, la posibilidad de imperativos categóricos (como los del deber), simplemente no quería amoldarse a los principios habituales de las explicaciones psicológicas (que se fundan todas ellas en el mecanismo de la necesidad natural)*[6].

Pero cuando dice finalmente el señor Garve: «Tales sutiles distinciones de ideas se *oscurecen* ya al reflexionar sobre objetos particulares, pero se *pierden por completo* a la hora de *actuar,* \ cuando deben ser aplicadas a apetitos e intenciones. Cuanto más simple, rápido y *desprovisto de representaciones claras* sea el paso con que transitamos desde la consideración de los motivos hasta la acción real, tanto menor será la posibilidad de conocer, de modo preciso y seguro, el peso determinado con el que cada motivo ha contribuido a guiar ese paso en tal dirección y no en tal otra», me veo obligado a contradecirle manifiesta y vehementemente.

<Ak. VIII 286>

---

* El profesor Garve (en sus *Observaciones* [*filosóficas y disertaciones*] *al libro de Cicerón «Sobre los deberes»,* p. 69 de la edición de 1783) hace esta curiosa confesión, digna de su agudeza: «La libertad, según su más íntima convicción, permanecerá por siempre insoluble y jamás será explicada». Una prueba de su realidad no se puede encontrar de manera absoluta, ni en una experiencia inmediata ni en una experiencia mediata; pero sin prueba alguna tampoco cabe admitirla. Ahora bien: como no se puede llevar a cabo una prueba de ella partiendo de fundamentos meramente teóricos (pues habría que buscarlos en la experiencia), y se habrá de hacer entonces partiendo de meras proposiciones prácticas de la razón, pero tampoco de las práctico-técnicas (que de nuevo exigirían fundamentos empíricos), sino sólo, por consiguiente, de las práctico-morales, síguese de ahí que uno por fuerza se ha de sorprender ante el hecho de que el señor Garve no recurra al concepto de libertad para salvar, cuando menos, la posibilidad de semejantes imperativos.

6. Es de justicia que expresemos nuestro categórico agradecimiento al mencionado recensor de los *Kant-Studien* por habernos advertido de la pérdida de una negación en nuestra antigua traducción de este pasaje, pérdida tan insospechada como perturbadora. [*N. T.*]

El concepto del deber, en toda su pureza, no sólo es incomparablemente más simple, claro, aprehensible y natural para todo el mundo, en orden al uso práctico, que cualquier otro motivo tomado de la felicidad o mezclado con ella y a ella referido (esta clase de motivos exigen siempre mucha habilidad y reflexión), sino que resulta también sobradamente *más fuerte,* penetrante y prometedor de éxito que todas las motivaciones procedentes del principio interesado de la felicidad, y esto es así incluso a juicio de la razón humana más común, simplemente con que el concepto del deber sea traído ante ella y se presente además a la voluntad humana distinguido, y aun opuesto, frente a esas otras motivaciones.

Sea, por ejemplo, el caso siguiente: alguien tiene en su poder un bien ajeno que le ha sido confiado *(depositum)* por su dueño, quien ha fallecido sin que sus herederos sepan ni puedan llegar a saber nada de aquel bien. Preséntese este caso inclusive a un niño de unos ocho o nueve años, añadiendo además que el poseedor del depósito ha ido a parar justo en ese momento (sin culpa suya) a la ruina total, viendo a su alrededor una familia –mujer e hijos– afligida, agobiada por privaciones, siendo así que podría sacarla de tal penuria en un abrir y cerrar de ojos si se apropiara del depósito; es más: supongamos que nuestro hombre es humanitario y caritativo, mientras que aquellos herederos son ricos, egoístas y hasta tal extremo petulantes y manirrotos que añadir eso a su fortuna sería como arrojarlo directamente al mar. Pregúntese ahora si en tales circunstancias podría considerarse permitido el uso de ese depósito en provecho propio. Sin duda alguna, el interrogado responderá: «¡No!». Y en vez de invocar toda clase de razones, se limitará a decir: «es *injusto»*, esto es, se opone al deber. Nada más claro que esto; pero, ciertamente, no porque con la restitución favorezca su propia *felicidad.* Pues si nuestro hombre esperara que el propósito de ser feliz determinase su decisión, podría pensar más o menos así: «Si espontáneamente restituyes a sus verdaderos propietarios ese bien ajeno que se encuentra en tu poder, \ es de presumir que te recompensen por tu <Ak. VIII 287> honradez o, si esto no sucede, adquirirás una buena fama que, al difundirse, te puede ser muy provechosa. Pero todo esto es harto incierto. En el caso contrario, también surgen sin duda muchos reparos: si quisieras apropiarte del depósito que te ha sido confiado, utilizándolo rápidamente para salir de una vez de tus apuros, suscitarías la sospecha de cómo y por qué medios has llegado a mejorar tan pronto tu situación; mas si te sirvieras lentamente de ese depósito, la necesidad se incrementaría entretanto hasta el extremo de que ya no se podría remediar de ningún modo». Por consiguiente, la voluntad que sigue la máxima de la felicidad titubea, entre sus móviles, sobre lo que debe decidir, pues pone las miras en el éxito y éste es muy incierto; hace falta una buena cabeza para desenredarse de la maraña de razones en pro y en contra sin engañarse en el cálculo final. En cambio, cuando se pregunta cuál es el deber en ese caso concreto, no titubea en absoluto sobre la respuesta que ha de darse a sí misma, sino que sabe de inmediato y con toda certeza lo que ha de hacer. Incluso experimenta, si el concepto del deber tiene algún valor para ella, cierta repugnancia a entregarse al mero cálculo de las ventajas que puedan resultarle de su infracción, como si en esto le cupiera elección alguna.

Así pues, que tales distinciones (distinciones, según acabamos de mostrar, no tan sutiles como pretende el señor Garve, sino que están escritas en el alma del hombre con los más gruesos y legibles caracteres) *se pierdan por completo a la hora de actuar* –como él lo expresa– contradice incluso a la experiencia propia. Cierto que no contradice a la experiencia suministrada por la *historia* de las máximas que resultan de uno u otro principio, pues en este punto la historia demuestra, desgraciadamente, que la mayor parte de esas máximas proceden del último principio (el del egoísmo); pero sí contradice a la experiencia –que sólo puede ser interna– en virtud de la cual ninguna idea ensalza más al espíritu humano, ni incita más al entusiasmo, que la de un talante moral puro, talante que venera ante todo al deber, que lucha contra las innumerables calamidades de la vida e incluso contra sus más seductoras tentaciones, y que, no obstante, triunfa sobre ellas (se supone, con razón, que el hombre es capaz de hacerlo). El hombre es consciente de que puede hacerlo porque debe: esto revela en él un fondo de disposiciones divinas que le hace experimentar, por decirlo así, un sagrado estremecimiento ante la grandeza y la sublimidad de su \ verdadero destino. Y si el hombre tuviera más a menudo el cuidado y la costumbre de descargar com-

<Ak. VIII 288>

pletamente a la virtud de toda la riqueza constituida por ese botín de ventajas en que quieren convenir al cumplimiento del deber –representándose con ello a la virtud en toda su pureza–, si además la puesta en práctica de todo ello se instituyera en principio de la enseñanza privada y pública (método éste, el de inculcar deberes, que casi siempre ha sido descuidado), pronto irían mejor las cosas para la moralidad de los hombres. La culpa de que la experiencia histórica no haya querido, hasta el momento, demostrar el buen éxito de la doctrina de la virtud ha de achacarse precisamente a la falsa suposición de que el móvil derivado de la idea del deber en sí mismo es demasiado sutil para el común entendimiento, mientras que ese otro móvil, más tangible, tomado de ciertas ventajas que cabe esperar –tanto en este mundo como incluso en un mundo futuro– del cumplimiento de la ley (sin tomar en cuenta a ésta como móvil), actuaría con más fuerza sobre el ánimo. Aquella falta de éxito por parte de la doctrina de la virtud es achacable, asimismo, al hecho de que hasta el momento se haya tenido como principio de la educación y de los sermones eclesiales el de otorgar preferencia a esa pretensión de felicidad, por encima de lo que la razón instituye en condición suprema, a saber, la dignidad de ser feliz. Siendo así que las *prescripciones* sobre cómo llegar a ser felices, o al menos sobre cómo podemos precavernos de los reveses, no son *preceptos*. Estas prescripciones no vinculan a nadie de manera absoluta, de suerte que, tras haber sido advenidos por ellas, podemos elegir lo que nos parezca bien, pechando con lo que sobrevenga. En cuanto a los males que nos pudieran surgir entonces por haber descuidado ese consejo, no hay razón para considerarlos como castigos, pues éstos atañen sólo a la voluntad libre pero contraria a la ley; mas la naturaleza y la inclinación no pueden dar leyes a la libertad. Todo cobra un cariz muy distinto tratándose de la idea del deber, cuya transgresión, aun sin tomar en cuenta las desventajas que se siguen de ella, actúa inmediatamente sobre el ánimo tornando al hombre en reprobable y punible ante sus propios ojos.

He ahí una prueba clara de que todo cuanto en la moral es correcto para la teoría también tiene que ser válido para la práctica. Por consiguiente, en su cualidad de hombre, como ser sometido a ciertos deberes por su propia razón, cada uno es una *persona con ocupaciones y responsabilidades (Geschäftsmann)*. Y puesto que, como hombre que es, nunca estará suficientemente crecido para abandonar la escuela de la sabiduría, acaso tampoco pueda decir con orgulloso desdén al adepto de la teoría que retorne a la escuela, presumiendo estar mejor instruido, gracias a la experiencia, sobre lo que es un hombre y sobre lo que se <Ak. VIII 289> le puede exigir. Porque toda esta \ experiencia de nada le sirve para sustraerse a la prescripción de la teoría, sino a lo sumo únicamente para aprender cómo ésta puede ser llevada a la práctica de un modo mejor y más universal, cosa que sucede cuando uno ya la ha incorporado a sus principios. Pero no nos ocupamos aquí de esa habilidad pragmática, sino de estos principios teóricos.

II. De la relación entre teoría y práctica en el derecho político. (Contra Hobbes)

Entre todos los contratos por los que un conjunto de personas se unen para formar una sociedad *(pactum sociale),* el contrato que establece entre ellos una *constitución civil (pactum unionis civilis)* es de índole tan peculiar que, aunque desde el punto de vista de la *ejecución* tenga mucho en común con todos los demás (que también están orientados a promover colectivamente un fin cualquiera), se diferencia esencialmente de todos ellos en el principio de su institución *(constitutionis civilis).* La unión de muchas personas en orden a cualquier fin (fin común, que todos *tienen)* se halla en todo contrato social; pero la unión de estas personas que es fin en sí misma (fin que cada uno *debe tener),* por tanto la unión en todas las relaciones externas, en general, de los hombres –que no pueden evitar verse abocados a un influjo recíproco–, es un deber primordial e incondicionado; tal unión sólo puede encontrarse en una sociedad en la medida en que ésta se halle en estado civil, esto es, en la medida en que constituya una comunidad. Ahora bien: este fin que en semejante relación externa es en sí mismo un deber, e incluso la suprema condición formal *(conditio sine qua non)* de todos los demás deberes externos, viene a ser el *derecho* de los hombres *bajo leyes coactivas públicas,* mediante las cuales se puede atribuir a cada uno lo que es suyo y garantizárselo frente a una usurpación por parte de cualquier otro.

Sin embargo, el concepto de un derecho externo en general procede enteramente del concepto de *libertad* en las relaciones externas de los hombres entre sí, y no tiene nada que ver con el fin que todos los hombres persiguen de modo natural (el propósito de ser felices) ni con la prescripción de los medios para lograrlo; de suerte que, por tanto, este fin no ha de inmiscuirse de ninguna manera en aquella ley a título de fundamento para determinarla. El *derecho* es la limitación de la libertad de cada uno a \ la condición de su concordancia con la libertad de todos, en tanto que esta concordancia sea posible según una ley universal; y el *derecho público* es el conjunto de *leyes externas* que hacen posible tal concordancia sin excepción. Ahora bien: dado que toda limitación de la libertad por parte del arbitrio de otro se llama *coacción,* resulta que la constitución civil es una relación de hombres *libres* que (sin menoscabo de su libertad en el conjunto de su unión con otros) se hallan, no obstante, bajo leyes coactivas; y esto porque así lo

<Ak. VIII 290>

quiere la razón misma, y ciertamente la razón pura, que legisla *a priori* sin tomar en cuenta ningún fin empírico (todos los fines de esta índole son englobados bajo el nombre genérico de «felicidad»); como a este respecto, y a propósito de aquello en lo cual cada uno cifra su fin empírico, los hombres piensan de modo muy diverso, de suerte que su voluntad no puede ser situada bajo ningún principio común, síguese de ahí que tampoco puede ser situada bajo ninguna ley externa conforme con la libertad de todos.

Por tanto, el estado civil, considerado simplemente como estado jurídico, se funda en los siguientes principios *a priori:*

1. La *libertad* de cada miembro de la sociedad, en cuanto *hombre.*
2. La *igualdad* de éste con cualquier otro, en cuanto *súbdito.*
3. La *independencia* de cada miembro de una *comunidad,* en cuanto *ciudadano.*

Estos principios no son leyes que dicta el Estado ya constituido, sino más bien las únicas leyes con arreglo a las cuales es posible el establecimiento de un Estado en conformidad con los principios racionales puros del derecho humano externo en general. Así:

1. La *libertad* en cuanto hombre, cuyo principio para la constitución de una comunidad expreso yo en la fórmula: «Nadie me puede obligar a ser feliz a su modo (tal como él se imagina el bienestar de otros hombres), sino que es lícito a cada uno buscar su fe-

licidad por el camino que mejor le parezca, siempre y cuando no cause perjuicio a la libertad de los demás para pretender un fin semejante, libertad que puede coexistir con la libertad de todos según una posible ley universal (esto es, coexistir con ese derecho del otro)».

Un gobierno que se constituyera sobre el principio de la benevolencia para con el pueblo, al modo de un padre para con sus hijos, esto es, un *gobierno paternalista (imperium paternale),* en el que los súbditos –como niños menores de edad, incapaces de distinguir lo que les es verdaderamente beneficioso \ o perjudicial– se ven obligados a comportarse de manera meramente pasiva, aguardando sin más del juicio del jefe de Estado cómo *deban* ser felices y esperando simplemente de su bondad que éste también quiera que lo sean, un gobierno así es el mayor *despotismo* imaginable (se trata de una constitución que suprime toda libertad a los súbditos, los cuales no tienen entonces absolutamente ningún derecho). No un gobierno *paternalista,* sino uno *patriótico (imperium non paternale, sed patrioticum),* es el único que cabe pensar para hombres capaces de tener derechos, tomando en consideración, al mismo tiempo, la benevolencia del soberano. Porque el modo de pensar *patriótico* es aquel en que cada uno de los que se hallan dentro del Estado (sin excluir al jefe) considera a la comunidad como el seno materno, o al país como el suelo paterno, del cual y sobre el cual él mismo ha surgido, y al que ha de legar también como una preciada herencia; es aquel modo de pensar en que cada

<Ak. VIII 291>

uno sólo se considera autorizado para preservar sus derechos mediante leyes de la voluntad común, pero no para someter a su capricho incondicionado el uso de todo ello. Este derecho de libertad le asiste al miembro de la comunidad en cuanto hombre, es decir, en tanto que se trata de un ser que, en general, es capaz de tener derechos.

2. La *igualdad* en cuanto súbdito, cuya formulación puede rezar así: «Cada miembro de la comunidad tiene derechos de coacción frente a cualquier otro, circunstancia de la que sólo queda excluido el jefe de dicha comunidad (y ello porque no es un miembro de la misma, sino su creador o conservador), siendo éste el único que tiene la facultad de coaccionar sin estar él mismo sometido a leyes de coacción. Pero todo cuanto en un Estado se halle *bajo* leyes es súbdito, y por tanto está sometido a leyes de coacción lo mismo que todos los demás miembros de la comunidad; sólo hay una excepción (ya se trate de persona física o moral), la del jefe de Estado, el único a través del cual puede ser ejercida toda coacción jurídica. Pues si también éste pudiera ser coaccionado, no sería entonces el jefe de Estado, y la serie de la subordinación se remontaría al infinito. Mas de haber dos (dos personas libres de coacción), ninguno de ellos se hallaría bajo leyes coactivas, y el uno no podría cometer injusticia contra el otro; lo que es imposible».

Esta igualdad general de los hombres dentro de un Estado, en cuanto súbditos del mismo, resulta, sin embargo, perfectamente compatible con la máxima desigualdad, cuantitativa o de grado, en *sus* posesiones, ya se trate de una superioridad corporal o espiritual sobre otros, o de riquezas externas \ y de derechos en general (de los que puede haber muchos) con respecto a otros; de tal modo que el bienestar del uno depende sobremanera de la voluntad del otro (el del pobre de la del rico), o que el uno ha de obedecer (como el niño a los padres o la mujer al marido) y el otro mandarle, o que el uno sirve (como jornalero) mientras el otro paga, etc. Mas según el *derecho* (que como expresión de la voluntad general sólo puede ser único, y que concierne a la forma de lo jurídico, no a la materia o al objeto sobre el que tengo un derecho) todos, en cuanto súbditos, son iguales entre sí, porque ninguno puede coaccionar a otro sino por medio de la ley pública (y a través de su ejecutor, el jefe de Estado); pero también en virtud de ésta todos los demás se le resisten en igual medida, no pudiendo nadie perder esta facultad de coaccionar (en consecuencia, de tener un derecho frente a otros) si no es a causa de su propio delito, ni tampoco puede renunciar a ella por sí mismo, esto es, nadie puede mediante un contrato –por tanto mediante un acto jurídico– hacer que no tenga derechos sino sólo deberes, pues con ello se despojaría a sí mismo del derecho de hacer un contrato y, consiguientemente, éste se autosuprimiría.

De esta idea de la igualdad de los hombres en la comunidad, en cuanto súbditos, resulta también la siguiente formulación: «A cada miembro de la comunidad le ha de ser lícito alcanzar dentro de ella una posición de cualquier nivel (de cualquier nivel que corresponda a un súbdito) hasta el que puedan llevarle su talento, su aplicación y su suerte. Y no es lícito que los cosúbditos le cierren el paso merced a una prerrogativa *hereditaria* (como privilegiados para detentar cierta posición), manteniéndole eternamente, a él y a su descendencia, en una posición inferior».

En efecto: como todo derecho consiste meramente en limitar la libertad de los demás a la condición de que pueda coexistir con la mía según una ley universal, y como el derecho público (en una comunidad) es meramente el estado de una efectiva legislación conforme con ese principio y asistida por un poder, legislación en virtud de la cual todos cuantos pertenecen a un pueblo como súbditos se encuentran, al fin y a la postre, en un estado jurídico *(status iuridicus),* a saber, el de la igualdad de acción y reacción entre albedríos que se limitan mutuamente conforme a la ley universal de la libertad (lo que se llama «estado civil»), síguese de ahí que en ese estado el *derecho innato* de cada uno (vale decir, previamente a toda acción jurídica por su parte) en orden a la facultad \ <Ak. VIII 293> de coaccionar a todos los demás para que permanezcan siempre dentro de los límites de un uso de su libertad que esté de acuerdo con la mía, es *igual* para todos sin excepción. Ahora bien: como el nacimiento no es una *acción* por parte del que nace, y consiguientemente no puede acarrear a éste ninguna desigualdad de estado jurídico ni sometimiento alguno a leyes coactivas (salvo el mero sometimiento que, en cuanto súbdito del único poder legislativo supremo, tiene en común con todos los demás), resulta que no puede haber ningún privilegio innato de un miembro de la comunidad –en cuanto cosúbdito– sobre otro; y nadie puede legar a sus descendientes el privilegio de la *posición* que tiene dentro de la comunidad; por tanto tampoco puede impedir coactivamente –como si el nacimiento le cualificara para detentar el rango de señor– que los otros alcancen por sus propios méritos los niveles superiores de la jerarquía (los niveles del *superior* y el *inferior*, sin que uno sea *imperans* y el otro *subjectus*). Puede transmitir por herencia todo lo demás que es cosa (lo que no concierne a la personalidad), lo que como propiedad puede él adquirir y enajenar, produciendo así en la serie de descendientes una considerable desigualdad de situación económica entre los miembros de la comunidad (entre el asalariado y el arrendatario, el propietario y los peones agrícolas, etc.); pero no puede impedir que éstos, si su talento, su aplicación y su suerte lo hacen posible, estén facultados para elevarse hasta iguales posiciones. Pues, de no ser así, le sería lícito coaccionar sin poder ser, a su vez, coaccionado por la reacción de otros, y le cabría rebasar el rango propio de un cosúbdito.

Ningún hombre que viva en el estado jurídico de una comunidad puede declinar esta igualdad, a no ser por su propio delito, pero nunca por contrato o por la fuerza de las armas *(ocupatio bellica)*; pues no puede, por medio de acto jurídico alguno (ni propio ni ajeno), dejar de ser dueño de sí mismo e ingresar en la clase de los animales domésticos, que se usan a capricho para todo servicio y, sin contar con su consentimiento, se les mantiene así tanto tiempo como se quiera, si bien con la limitación (que algunas veces es también sancionada por la religión, como ocurre entre los indios) de no mutilarlos o matarlos. Se puede considerar feliz a un hombre, en cualquier estado, sólo si es consciente de que el hecho de no ascender hasta el \ <Ak. VIII 294> mismo nivel de los demás –quienes, en cuanto cosúbditos, no tienen ninguna ventaja sobre él en lo concerniente al derecho– únicamente depende de él (de su capacidad o de su sincera voluntad) o de circunstancias de las que no puede culpar a ningún otro, mas no depende de la irresistible voluntad de otros*.

* Si a la palabra *graciable (gnadig)* se quiere asociar un concepto determinado (distinto, además, de «bondadoso», «caritativo», «protector» u otros por el estilo), sólo puede ser aplicada a aquél contra quien no hay *ningún derecho de coacción.* Por tanto, sólo el jefe de *gobierno del Estado,* que es quien procura y reparte todo el bien que es posible según las leyes públicas (pues el *soberano* que las da es, por decirlo así, invisible; es la propia ley personificada, no su agente), puede recibir el título de *graciable señor,* por cuanto que es el único frente al cual no hay derecho alguno de coacción. Así, incluso en una aristocracia, como, por ejemplo en Venecia, el *senado* es el único graciable señor; los nobles que lo constituyen son en su totalidad súbditos (sin excluir al propio *dogo,* pues sólo el *gran consejo* es soberano), y en lo que se refiere al ejercicio del derecho son iguales a todos los demás, de modo que frente a cada uno de ellos asiste al súbdito un derecho de coacción. Es cierto que los príncipes (vale decir, las personas a quienes corresponde un derecho hereditario de gobernar) también son llamados graciables señores, mas sólo a este respecto y por razón de esas pretensiones (cortésmente, *par courtoisie);* sin embargo, en cuanto a la situación de su patrimonio son cosúbditos, y contra ellos hasta el más insignificante de sus servidores tiene que estar asistido de un derecho de coacción mediante el jefe

3.   La *independencia (sibisufficientia)* de un miembro de la comunidad en cuanto *ciudadano,* esto es, en tanto que colegislador.

En lo tocante a la legislación misma, todos los que *son* libres e iguales bajo leyes públicas ya existentes no han de ser considerados iguales, sin embargo, en lo que se refiere al derecho de dictar esas leyes. Quienes no están facultados para este derecho se hallan sometidos también, como miembros de la comunidad, a la obediencia de esas leyes, con lo cual participan en la protección que de ellas resulta; sólo que no como *ciudadanos,* sino como *coprotegidos.*

Todo derecho depende de leyes. Pero una ley pública, que determina para todos lo que les debe estar jurídicamente permitido o prohibido, es el acto de una voluntad pública, de la cual procede todo derecho, y por tanto, no ha de cometer injusticia contra nadie. Mas, a este respecto, tal voluntad no puede ser sino la voluntad del pueblo entero (ya que todos deciden sobre todos y, por ende, cada uno sobre sí mismo), pues <Ak. VIII 295> sólo contra sí mismo \ nadie puede cometer injusticia, mientras que, tratándose de otro distinto de uno mismo, la mera voluntad de éste no puede decidir sobre

de Estado. En el Estado, por tanto, no puede haber más que un único graciable señor. Y en lo que atañe a las graciables señoras (a las señoras realmente distinguidas) cabe considerarlas así, de tal modo que su *posición* junto con su *sexo* (por consiguiente, sólo frente al *masculino)* las hagan acreedoras a recibir tal tratamiento, y ello en virtud del refinamiento de las costumbres (llamado galantería), a consecuencia del cual el sexo masculino cree honrarse tanto más a sí mismo cuantas más preferencias sobre sí otorgue al bello sexo.

uno mismo nada que no pudiera ser injusto; consiguientemente, su ley requeriría aún otra ley que limitara su legislación, y por ello ninguna voluntad particular puede ser legisladora para una comunidad. (Propiamente, en la constitución de este concepto concurren los conceptos de libertad externa, igualdad y *unidad* de la voluntad de *todos,* y para esta última es condición la independencia, pues se requiere una votación cuando se dan las dos primeras.) A esta ley fundamental, que sólo puede emanar de la voluntad general (unida) del pueblo, se la llama *contrato originario.*

Ahora bien: aquel que tiene derecho a voto en esta legislación se llama *ciudadano (citoyen,* esto es, *ciudadano del Estado,* no ciudadano de la ciudad, *bourgeois).* La única cualidad exigida para ello, aparte de la cualidad *natural* (no ser niño ni mujer), es ésta: que uno sea *su propio señor (sui iuris)* y, por tanto, que tenga alguna *propiedad* (incluyendo en este concepto toda habilidad, oficio, arte o ciencia) que le mantenga; es decir, que en los casos en que haya de ganarse la vida gracias a otros lo haga sólo por *venta* de lo que es *suyo*,* no por consentir que otros utili-

---

* Aquel que elabore un *opus* puede cederlo a otro mediante *venta,* como si fuera propiedad suya. Pero la *praestatio operae* no es una *venta.* El servidor doméstico, el dependiente de comercio, el jornalero, incluso el peluquero, son meros *operarii,* no *artífices* (en el sentido más lato de la palabra), y no son miembros del Estado, por lo que tampoco están cualificados para ser ciudadanos. Aunque aquél a quien encargo mi leña y el sastre al que doy mi paño para que me haga un traje parecen encontrarse en relaciones del todo semejantes con respecto a mí, aquél se diferencia de éste como el peluquero del fabricante de pelucas (a quien también puedo haber dado el cabello para que me haga una), por tanto

cen sus fuerzas; en consecuencia, se exige que no esté al servicio –en el sentido estricto de la palabra– de nadie más que de la comunidad. En este orden de cosas, los pertenecientes al artesanado y los grandes (o <Ak. VIII 296> pequeños) propietarios son todos iguales entre sí, \ a saber, cada uno sólo tiene derecho a un voto. Pues respecto de esos propietarios (incluso sin entrar en la cuestión de cómo pudo ocurrir legalmente que alguien se haya apropiado de más tierra de la que puede explotar con sus propias manos –ya que la adquisición por conquista bélica no constituye una adquisición primera– y cómo ocurrió que muchos hombres, que de otro modo hubieran podido adquirir todos ellos unas posesiones estables, se ven con eso reducidos al mero servicio de los anteriores para poder vivir), atentaría ya contra el mencionado principio de la igualdad el hecho de que una ley les distinguiera con las prerrogativas de una posición en virtud de la cual, o bien sus descendientes han de seguir siendo siempre grandes propietarios (de feudos), sin permitir que sus propiedades sean vendidas ni partidas en herencia –impidiendo así que un mayor número de gente saque provecho de ellas–, o bien se determine incluso que, al efectuar tales particiones, nadie pueda adquirir parte alguna de esas propiedades salvo que

igual que el jornalero se diferencia del artista o del artesano, que hacen una obra y ésta les pertenece mientras no les sea pagada. Estos últimos, en tanto que fabricantes, truecan con otro su propiedad *(opus);* el primero trueca el uso de sus fuerzas *(operam),* uso que cede a otro. Es algo difícil –lo confieso– determinar los requisitos que ha de satisfacer quien pretenda la posición de un hombre que sea su propio señor.

pertenezca a cierta clase de personas arbitrariamente acreditadas para ello. En suma: el gran hacendado anula a los propietarios más pequeños, y a sus votos, en tan escasa medida como éstos podrían usurpar el puesto de aquél; así pues, aquél no vota en nombre de éstos y tiene, por tanto, sólo un voto[7].

En consecuencia, como sólo de la capacidad, del esfuerzo y de la suerte de cada miembro de la comunidad se ha de hacer depender el hecho de que cada uno adquiera una parte, y todos el conjunto, pero como, por otro lado, esta diferencia no puede ser tomada en cuenta para la legislación general, síguese de ahí que, el número de los que tengan facultad de voto en orden a la legislación no ha de ser juzgado por la magnitud de las posesiones, sino por la cantidad de los propietarios.

Pero asimismo *todos* los que tienen ese derecho a voto han de estar de acuerdo en esta ley de justicia pública, pues de lo contrario se daría un conflicto jurídico entre quienes no están de acuerdo con ella y quienes sí lo están, conflicto que requeriría otro principio jurídico superior para ser resuelto. Así pues, si no cabe esperar aquella total unanimidad por parte de un pueblo entero, si todo cuanto podemos prever que se alcance es

---

7. Nos parece enteramente inaceptable, a propósito de este párrafo, la observación del citado recensor de los *Kant-Studien* («el gran hacendado anula a tantos propietarios más pequeños [...] cuantos podrían ocupar su lugar»), propuesta que, bien leída, no descarta un posible quebrantamiento de la solemne máxima de la igualdad por la que aboga el texto (cada propietario, un voto). Está claro que aquí nadie anula a nadie. [*N. T.*]

únicamente una mayoría de votos (y no por cierto de votantes directos, en el caso de un pueblo grande, sino sólo de delegados, a título de representantes del pueblo), resulta que este mismo principio, el de contentarse con la mayoría, en tanto que principio aceptado por acuerdo general, y consiguientemente por medio de un contrato, tendría que ser el fundamento supremo del establecimiento de una constitución civil. \

<Ak. VIII 297> ## Conclusión

Mas he ahí un *contrato originario,* el único sobre el que se puede fundar entre los hombres una constitución civil, legítima para todos sin excepción, el único sobre el que se puede erigir una comunidad.

Pero respecto de este contrato (llamado *contractus originarius* o *pactum sociale),* en tanto que coalición de cada voluntad particular y privada, dentro de un pueblo, para constituir una voluntad comunitaria y pública (con el fin de establecer una legislación, sin más, legítima), en modo alguno es preciso suponer que se trata de un *hecho* (incluso no es posible suponer tal cosa); poco más o menos como si, para considerarnos ligados a una constitución civil ya existente, ante todo hubiera que probar primero, partiendo de la historia, que un pueblo, en cuyos derechos y obligaciones hemos ingresado como descendientes, tuvo que verificar realmente alguna vez un acto semejante y legarnos de él, sea de palabra o por escrito, una información segura o cualquier documento. Por el contrario, se trata de una *mera idea* de la razón que tiene, sin embargo, su indudable realidad (práctica), a saber, la de obligar a todo legislador a que dicte sus leyes como si éstas *pudieran* haber emanado de la voluntad unida de todo un pueblo, y a que considere a cada súbdito, en la medida en que éste quiera ser ciudadano, como si hubiera expresado su acuerdo con una voluntad tal. Pues ahí se halla la piedra de toque de la legitimidad de toda ley pública. Si esa ley es de tal índole que resultara *imposible* a todo un pueblo otorgarle su conformidad (como sucedería, por ejemplo, en el caso de que cierta clase de *súbditos* hubiera de poseer el privilegio hereditario del *rango señorial),* entonces no es legítima; pero si es *simplemente posible* que un pueblo se muestre conforme con ella, entonces constituirá un deber tenerla por legítima, aun en el supuesto de que el pueblo estuviese ahora en una situación o disposición de pensamiento tales que, si se le consultara al respecto, probablemente denegaría su conformidad*.

---

* Si, por ejemplo, se prescribiese un impuesto de guerra proporcional a todos los súbditos, no podrán éstos decir que es ilegítimo por el hecho de que sea gravoso quizá porque en su opinión esa guerra es innecesaria, pues no están facultados para juzgar tal cosa, sino que, por el contrario, como siempre queda la \ *posibilidad* de que esa guerra sea inevitable y el impuesto imprescindible, este último habrá de pasar por legítimo a juicio del súbdito. Pero si, en tal guerra, ciertos propietarios fuesen abrumados con los suministros que se les exigen, mientras que a otros de la misma condición se les dispensara de ellos, resulta obvio que el conjunto de un pueblo podría no dar su conformidad a semejante ley y está autorizado, cuando menos, a protestar contra ella, porque no puede considerar justo ese desigual reparto de las cargas.   <Ak. VIII 298>

Pero, evidentemente, esta limitación sólo es válida para el juicio del legislador, no para el súbdito. Entonces, si un pueblo juzgara máximamente probable que, bajo cierta legislación vigente en el momento actual, perderá su felicidad, ¿qué ha de hacer en tal sentido?

<Ak. VIII 298> ¿No \ debe oponerse? La respuesta sólo puede ser la siguiente: no le queda más remedio que obedecer. Pues no se trata aquí de la felicidad que al súbdito le cabe esperar de una fundación [*Stiftung*] o del gobierno [*Verwaltatung*] de la comunidad, sino simplemente, y ante todo, del derecho que por ese medio debe ser garantizado a cada uno: éste es el principio supremo del que han de emanar todas las máximas que conciernen a una comunidad, principio que no está limitado por ningún otro. Respecto de lo primero (de la felicidad) no hay ningún principio universalmente válido que pueda ser considerado como ley. Porque tanto las circunstancias como la ilusión en que alguien cifra su felicidad, ilusión muy opuesta según los casos y además muy variable (y nadie puede prescribirle dónde ha de cifrarla), hacen que todo principio fijo sea imposible y que sea, por sí solo, inútil como principio de la legislación. La sentencia *salus publica suprema civitatis lex est* conserva íntegramente su valor y su crédito; pero la salud pública que se ha de tomar en consideración *ante todo* es precisamente aquella constitución legal que garantiza a cada uno su libertad por medio de leyes, con lo cual, cada uno sigue siendo dueño de buscar su felicidad por el camino que mejor le parezca, siempre y cuando no perjudique a esa legítima libertad general y, por tanto, al derecho de los otros cosúbditos.

Cuando el poder supremo dicta leyes orientadas directamente a la felicidad (al bienestar de los ciudadanos, a la población, etc.) no lo hace como fin del establecimiento de una constitución civil, sino sólo como medio para *asegurar* el *estado de derecho,* sobre todo frente a enemigos exteriores del pueblo. A este respecto, el jefe de Estado ha de tener facultad para juzgar, él mismo y por sí solo, si leyes así son necesarias para el auge de la comunidad, auge que resulta imprescindible a fin de garantizar su fuerza y su firmeza, tanto internamente como frente a enemigos exteriores; mas no está facultado para hacer que el pueblo sea –por así decir– feliz contra su voluntad, sino sólo \ para procurar que exista como una comunidad*. Al juzgar si esas medidas adoptadas son *prudentes* o no, el legislador puede ciertamente equivocarse, pero no puede errar cuando se pregunta a sí mismo si la ley es también conforme o no con el principio del Derecho, ya que en este caso tiene a su disposición, incluso *a priori,* aquella idea del contrato originario como criterio infalible (sin tener que aguardar, tal y como ocurre con el principio de la felicidad, a experiencias que le instruyan previamente sobre la conveniencia de sus medidas). Pues basta con que no sea contradictorio que todo un pueblo esté de acuerdo con semejante ley, por muy dura que le resulte,

<Ak. VIII 299>

---

* A estas medidas pertenecen ciertas prohibiciones de importar, con el fin de que se fomenten los medios de producción en orden al mayor bien de los súbditos, no al provecho de los extranjeros y al estímulo de la actividad ajena, toda vez que sin el bienestar del pueblo el Estado no tendría fuerzas suficientes para enfrentarse a enemigos exteriores o para mantenerse a sí mismo como una comunidad.

para que esa ley sea legítima. Pero si una ley pública es legítima y, por consiguiente, irreprochable *(irreprehensible)* desde el punto de vista del Derecho, están también ligadas a ella la facultad de coaccionar y, por el otro lado, la prohibición de oponerse a la voluntad del legislador, incluso aunque no sea de obra; es decir: el poder que en el Estado da efectividad a la ley no admite resistencia (es *irresistible),* y no hay comunidad jurídicamente constituida sin tal poder, sin un poder que eche por tierra toda resistencia interior, pues ésta acontecería conforme a una máxima que, universalizada, destruiría toda constitución civil, aniquilando el único estado en que los hombres pueden poseer derechos en general.

De ahí se sigue que toda oposición contra el supremo poder legislativo, toda incitación que haga pasar a la acción el descontento de los súbditos, todo levantamiento que estalle en rebelión, es el delito supremo y más punible en una comunidad, porque destruye sus fundamentos. Y esta prohibición es *incondicionada,* de suerte que, aun cuando aquel poder o su agente –el jefe de Estado– haya llegado a violar el contrato originario y a perder con eso, ante los ojos del súbdito, el derecho a ser legislador por autorizar al gobierno para que proceda de modo absolutamente despótico (tiránico), a pesar de todo sigue sin estar permitida al súbdito ninguna oposición a título de contraviolencia. La razón de ello es que, en una constitución civil \ ya existente, el pueblo no sigue teniendo el derecho de emitir constantemente un juicio sobre cómo debe ser administrada tal cons-

<Ak. VIII 300>

236

titución. Pues supongamos que tiene ese derecho, el de oponerse al juicio del efectivo jefe de Estado: ¿quién debe decidir de qué lado está el Derecho? Ninguno de los dos puede hacerlo, porque sería juez en su propia causa. Luego por encima del jefe tendría que haber aún otro jefe que decidiera entre aquél y el pueblo, lo que resulta contradictorio.

Tampoco puede darse en este caso algo así como un derecho de necesidad *(ius in casu necessitatis),* que por lo demás, en cuanto pretendido *derecho* a cometer *injusticia* en caso de necesidad extrema (física), es un absurdo*; ni tal derecho puede propor-

---

* No existe *casus necessitatis* salvo en el caso de que entren en conflicto mutuo ciertos deberes, a saber, un *deber incondicionado* y otro, quizá importante, pero a pesar de eso *condicionado;* por ejemplo, si se trata de evitar un desastre del Estado cuya causa sea la traición de un hombre que se halla, con respecto a otro, en una relación semejante a la del padre con el hijo. Por parte del primero, evitar el mal del Estado es un deber incondicionado, pero evitar el infortunio del hijo es sólo un deber condicionado... (pues que él no se ha hecho culpable de ningún delito contra el Estado). Tal vez el hijo denunciaría ante la autoridad los propósitos de su padre muy a disgusto, pero lo haría instado por la necesidad (a saber: por la necesidad moral).

Mas si de un náufrago que desaloja a otro de su tabla, para salvar su propia vida, se dijera que la necesidad (en este caso la física) le da derecho a ello, eso sería totalmente falso. Pues conservar mi vida es sólo un deber condicionado (está sometido a la condición de que pueda hacerse sin incurrir en delito); mientras que es un deber incondicionado no quitar la vida a otro que no me daña y que ni siquiera me *pone* en peligro de perder la mía. No obstante, los teóricos del Derecho civil general proceden con entera consecuencia cuando otorgan licitud jurídica a ese recurso de emergencia, pues la autoridad no puede asignar ningún *castigo* a esa prohibición, dado que tal castigo tendría que ser la muerte. Y sería una ley absurda la que amenazase con la muerte a quien, en situa-

cionar la llave que levante la barrera que limita el poder propio del pueblo. Pues el jefe de Estado puede pretender que su duro proceder contra los súbditos se justifica por la rebelión de éstos, al igual que éstos pueden pretender que su rebelión contra él está justificada por sus quejas de un padecimiento inmerecido, y ¿quién decidirá ahora? Quien se encuentre en posesión de la suprema administración pública de la justicia, que es precisamente el jefe de Estado; sólo éste puede hacerlo, y dentro de la comunidad nadie puede tener, por tanto, el derecho de disputarle esa

<Ak. VIII 301> posesión. \

Encuentro, con todo, a hombres respetables que defienden esta facultad del súbdito para oponerse por la fuerza a su superior bajo ciertas circunstancias; entre ellos sólo voy a mencionar aquí al muy cauteloso, preciso y discreto Achenwall, quien en sus teorías sobre el Derecho natural* dice: «Si el peligro que se cierne sobre la comunidad, a consecuencia de soportar largamente la injusticia del soberano, es mayor del que puede temerse como resultado de que se tomen las armas contra él, entonces el pueblo se le podrá oponer, podrá rescindir en favor de ese derecho su contrato de sumisión y destronarle por tirano». Y concluye: «De esta manera (con relación a su anterior soberano) el pueblo retorna al estado de naturaleza».

Quiero creer que ni Achenwall, ni ninguno de los hombres honrados que están de acuerdo con él en sus sutilezas a este respecto, hubieran dado, llegado el caso, su consejo o aprobación a empresas tan peligrosas; además, apenas cabe dudar de que, si hubieran fracasado aquellas revoluciones por las cuales Suiza, los Países Bajos o también Gran Bretaña han conseguido sus constituciones, ahora tan alabadas por su acierto, el lector de la historia de las mismas no vería en el ajusticiamiento de sus promotores –tan ensalzados actualmente– sino el merecido castigo de los grandes criminales de Estado. Pues el éxito suele mezclarse en el juicio sobre los fundamentos de Derecho, aunque ese éxito sea incierto mientras que estos últimos son, sin embargo, ciertos. Pero, en lo concerniente a los fundamentos de derecho (aun admitiendo que con tal rebelión no se comete injusticia alguna contra el soberano, quien habría violado algo así como una *joyeuse entrée* consistente en un contrato real con el pueblo, contrato que subyace como fundamento) resulta claro que el pueblo, con este modo de buscar *sus* derechos, ha cometido injusticia en altísimo grado, porque tal modo de proceder (una vez aceptado como máxima) torna insegura toda constitución jurídica e introduce un estado de absoluta ausencia de ley *(status naturalis)* en el que todo derecho cesa, cuando menos, de surtir efectos.

Respecto de esa tendencia a hablar en favor del pueblo (para perdición de éste) que tienen tantos autores bienintencionados, sólo quiero advertir que su causa es, en parte, la habitual confusión consistente en que, cuando se trata del principio del Derecho, lo truecan subrepticiamente en *sus* juicios por el principio de la felicidad; también es en parte causa de aquella tendencia el hecho de que, como no cabe ha-

\<Ak. VIII 302\> llar ningún documento de un contrato realmente propuesto a la comunidad, aceptado por su soberano \ y sancionado por ambos, consideraron a la idea de un contrato originario –idea que siempre se halla en la razón a título de fundamento– como algo que tiene que haber ocurrido *realmente,* y así pretenden reservar siempre al pueblo la facultad de rescindir ese contrato a discreción, en cuanto juzgue que se ha producido una violación flagrante del mismo*.

Con todo eso resulta claro que el principio de la felicidad (propiamente incapaz de constituirse en auténtico principio) también conduce al mal en el derecho político, tal y como lo hacía en la moral, por óptima que sea la intención que se proponen sus defensores. El soberano quiere hacer feliz al pueblo según su concepto, y se convierte en déspota. El pueblo no quiere renunciar a la general pretensión humana de ser feliz, y se vuelve rebelde. Si se hubiese preguntado, ante todo y sobre todo, qué es con-

---

* En todo caso, aunque sea conculcado el contrato real del pueblo con el soberano, el pueblo no puede reaccionar de súbito *como comunidad,* sino sólo por facciones. Pues la constitución existente hasta entonces fue rota por el pueblo, y primeramente debería organizarse una nueva comunidad. Mas en ese momento se presenta un estado de anarquía con todas sus atrocidades, que al menos son posibles por él. Y la injusticia que entonces sobreviene es la que cada facción del pueblo causa a las otras, como se pone de manifiesto en el ejemplo aludido, donde los amotinados súbditos de aquel Estado terminaron queriendo imponerse mutuamente por la fuerza una constitución que hubiera sido mucho más opresiva que aquella que abandonaban, pues pudieron ser devorados por clérigos y aristócratas, mientras que bajo un soberano con dominio sobre todos les cabía esperar más equidad en el reparto de las cargas estatales.

forme a Derecho (aquí los principios están fijados *a priori* y ningún empírico puede hacer chapucerías), la idea del contrato social mantendría su indiscutible crédito; pero no como un *factum* (según quiere Danton[8], quien declara nulos y sin valor todos los derechos amparados por la constitución civil realmente existente, así como toda propiedad, en caso de que no haya tal *factum),* sino sólo como principio racional para juzgar toda constitución jurídica pública en general. Asimismo, resultará comprensible que, antes de existir la voluntad general, el pueblo no posee ningún derecho de coacción contra quien le manda, porque sólo a través de éste puede aquél coaccionar jurídicamente; pero si existe esa voluntad general, tampoco puede ejercer coacción alguna contra él, pues en ese caso el pueblo mismo sería la autoridad suprema; en consecuencia, nunca corresponde al pueblo un derecho de coacción (una facultad para oponerse, sea de palabra o de obra) contra el jefe de Estado. \ <Ak. VIII 303>

Vemos también que esta teoría se confirma suficientemente en la práctica. En la constitución de Gran Bretaña, donde el pueblo tanto se ufanó de ella como si fuese ejemplo para el mundo entero, encontramos que guarda total silencio sobre la facultad que correspondería al pueblo en caso de que el monarca quebrantara el contrato de 1688; por tanto, tácitamente se excluye una rebelión contra él, para el caso de que

8. Este aserto citado de memoria podría deberse más bien a Robespierre. [*N. T.*]

quisiera quebrantar la constitución, pues ninguna ley hay al respecto. Que la constitución contuviera una ley para tal caso, una ley que autorizara a derrocar la constitución vigente –de la cual dimanan todas las leyes particulares– en el supuesto de que el contrato sea quebrantado, sería una clara contradicción, porque entonces habría de contener también un contrapoder *públicamente constituido** y, por ende, sería preciso todavía un segundo jefe de Estado que amparase los derechos del pueblo frente al primero, e incluso un tercero que decidiese entre ambos para dirimir de parte de cuál de ellos está el derecho.

También a aquellos conductores del pueblo (o, si se quiere, tutores de él) les ha preocupado una acusación semejante, para el caso de que su empresa fracasara: han preferido *inventarse* que el monarca por ellos amedrentado y expulsado renuncia a gobernar, antes que arrogarse el derecho de deponerlo, pues con esto último habrían puesto la constitución en contradicción manifiesta consigo misma.

Mas si a la vista de estas afirmaciones mías no se me hará, a buen seguro, el reproche de que con tal inviolabilidad lisonjeo en exceso al monarca, cabe esperar que se me ahorre también el reproche de que favorezco demasiado al pueblo cuando digo que éste tiene, igual-

* En el Estado ningún derecho puede ser silenciado maliciosamente, por así decir, mediante una cláusula secreta; menos aún el derecho que el pueblo se arroga en lo que atañe a la constitución, pues es preciso pensar que todas las leyes de ésta emanan de una voluntad pública. Por tanto, si la constitución permitiera la rebelión, tendría que proclamar públicamente el derecho a la misma y el modo de usar ese derecho.

mente, sus derechos inalienables frente al jefe de Estado, aunque no puedan ser derechos de coacción. Hobbes es de la opinión opuesta. Según él *(De cive,* cap. 7 § 14), el jefe de Estado no está vinculado en modo alguno con el pueblo mediante contrato, y por ello nunca puede incurrir en injusticia contra el ciudadano (del que puede disponer como desee). Esta tesis sería del todo correcta si por injusticia se entiende aquella lesión \ que concede al agraviado un *derecho de coacción* contra quien le ha tratado injustamente; pero tomada así, en toda su generalidad, esa tesis resulta espantosa. <Ak. VIII 304>

El súbdito no rebelde ha de poder admitir que su soberano *no quiere* ser injusto con él. Por tanto, puesto que todo hombre tiene, sin embargo, sus derechos inalienables, a los que ni puede renunciar aunque quiera y sobre los cuales él mismo está facultado para juzgar, y puesto que, por otro lado, la injusticia que en su opinión sufre proviene, según esa hipótesis, del error o del desconocimiento de ciertas consecuencias de las leyes por parte del poder supremo, resulta que se ha de otorgar al ciudadano –y además con permiso del propio soberano– la facultad de dar a conocer públicamente su opinión acerca de lo que en las disposiciones de ese soberano le parece haber de injusto para con la comunidad. Pues admitir que el soberano ni siquiera puede equivocarse o ignorar alguna cosa sería imaginarlo como un ser sobrehumano dotado de inspiración celestial. Por consiguiente, *la libertad de pluma* es el único paladión de los derechos del pueblo (siempre que se mantenga dentro de los límites del respeto y el amor a la constitución en que se vive, gracias al modo de pensar liberal de los súbditos, también inculcado por esa constitución, para lo cual las plumas se limitan además mutuamente por sí mismas con objeto de no perder su libertad). Pues querer negarle esta libertad no sólo es arrebatarle toda pretensión a tener derechos frente al supremo mandatario –como Hobbes pretende– sino también privar al mandatario supremo (cuya voluntad, por el mero hecho de que representa a la voluntad general del pueblo, da órdenes a los súbditos en cuanto ciudadanos) de toda noticia sobre aquello que él mismo modificaría si lo supiera, dando lugar a que se ponga en contradicción consigo mismo. Pero infundir en el soberano la preocupación de que los súbditos, al pensar por sí mismos y expresar públicamente su pensamiento, podrían provocar disturbios en el Estado equivale a despertar en él la desconfianza frente a su propio poder, o incluso el odio contra su pueblo.

Mas el principio universal con que un pueblo ha de juzgar sus derechos *negativamente* (es decir, sólo acerca de aquello que cabría considerar que el supremo legislador *no lo ha ordenado* con su mejor voluntad) está contenido en esta sentencia: *Lo que un pueblo no puede decidir sobre sí mismo, tampoco puede decidirlo el legislador sobre el pueblo.*

Así pues, en caso de que la cuestión sea, por ejemplo, si una ley que dispone la definitiva perdurabilidad de cierta constitución eclesiástica, en otro tiempo <Ak. VIII 305> dictada, \ puede considerarse surgida de la auténtica voluntad del legislador (de su intención), se ha de

244

preguntar primero si a un pueblo le *es lícito* instituir en ley el hecho de que ciertos artículos de fe y ciertas formas de religión externa, aceptados en otro tiempo, deben permanecer para siempre; por tanto, hay que preguntar primero si es lícito que se prohíba a sí mismo, en su posteridad, seguir progresando en materia de concepciones religiosas o corregir eventuales errores antiguos. Mas en ese caso resulta claro que un contrato originario del pueblo que instituyera tal cosa en ley sería en sí mismo nulo e inválido, por atentar contra el destino y los fines de la humanidad; en consecuencia, una ley así dictada no se ha de considerar como la auténtica voluntad del monarca, por lo que cabe ponerle objeciones. Pero siempre que algo sea dispuesto de esa manera por el legislador supremo, sin duda puede ser enjuiciado universal y públicamente, mas nunca podrá ser convocada una resistencia en contra, sea de palabra o de obra.

En toda comunidad tiene que haber una *obediencia* sujeta al mecanismo de la constitución estatal, con arreglo a leyes coactivas (que conciernen a todos), pero a la vez tiene que haber un *espíritu de libertad,* pues en lo que atañe al deber universal de los hombres todos exigen ser persuadidos racionalmente de que tal coacción es legítima, a fin de no incurrir en contradicción consigo mismos. La obediencia sin este espíritu de libertad es la causa que da lugar a todas las *sociedades secretas.* Porque la intercomunicación es una vocación natural de la humanidad, principalmente en aquello que concierne al hombre en general; en consecuencia, esas sociedades serían eliminadas si esta libertad se propiciara. Y, además, ¿por qué otro medio podría el gobierno alcanzar los conocimientos que favorecen su propia intención esencial, si no es dejando que se exprese este espíritu de libertad, tan digno de respeto en su origen y en sus efectos?

* * *

Una práctica que da de lado a todos los principios puros de la razón en ninguna parte reniega de la teoría con más arrogancia que en la cuestión de los requisitos para una buena constitución política. Esto se debe a que una constitución legal, existente desde hace mucho tiempo, va acostumbrando paulatinamente al pueblo a una regla: la de juzgar tanto su felicidad como sus derechos con arreglo a la situación en la cual todo ha estado hasta el momento, siguiendo su tranquilo curso. Pero no lo acostumbra, en sentido inverso, a valorar esta situación con arreglo a los conceptos \ del Derecho y la felicidad que la razón pone en su mano; más bien lo habitúa a preferir siempre aquella situación pasiva antes que el peligroso trance de buscar una mejor (aquí es válido aquello que Hipócrates advierte a los médicos: *iudicium anceps, experimentum periculosum*). Y como todas las constituciones que existen desde hace bastante tiempo, cualesquiera que sean sus defectos y pese a todas sus diferencias, arrojan en este punto idéntico resultado, a saber, el de contentarse con el *statu quo,* síguese de ahí que ninguna teoría es auténticamente

<Ak. VIII 306>

válida cuando se considera el *bienestar del pueblo,* sino que todo se apoya en una práctica dócil a la experiencia.

Pero si en la razón hay algo que quepa expresar con el nombre de *Derecho político,* y si este concepto tiene para los hombres –enfrentados unos con otros por el antagonismo de su libertad– fuerza vinculante, por tanto realidad objetiva (práctica), sin que sea lícito tomar en consideración el bienestar o el malestar que de ello pudieran derivarse (esto es cosa que sólo se puede conocer por experiencia), entonces ese derecho se funda en principios *a priori* (pues la experiencia no puede enseñar qué es el Derecho) y hay una *teoría* del Derecho político, sin conformidad con la cual ninguna práctica tiene validez y contra esto nada se puede alegar, salvo que, si bien los hombres tienen en su cabeza la idea de los derechos que les asisten, la dureza de su corazón les hace, sin embargo, incapaces e indignos de ser tratados con arreglo a ella; por eso es lícito y necesario un poder supremo que, procediendo simplemente de acuerdo con reglas de prudencia, los mantenga en orden. Pero este salto a la desesperada *(salto mortale)* es de tal índole que, si por ventura no se tratase del Derecho sino sólo de la fuerza, también al pueblo le estaría permitido intentar ejercer la suya, tornando así insegura toda constitución legal. Si nada hay que infunda racionalmente un respeto inmediato (como es el caso de los derechos humanos), todo influjo sobre el arbitrio de los hombres será incapaz de refrenar su libertad. Pero si, junto a la benevolencia, se hace oír el Derecho, entonces la naturaleza humana no se muestra tan corrompida como para no escuchar atentamente su voz *(Tum, pietate gravem ac meritis si forte virum quem conspexere, silent arrectisque auribus adstant.* Virgilio[9]).

---

9. *Eneida*, I, 151-152. [*N. T.*]

III. De la relación entre teoría y práctica en el Derecho internacional, considerada con propósitos filantrópicos universales, esto es, cosmopolitas*. (Contra Moses Mendelssohn)

¿Hay que amar al género humano en su totalidad o es <Ak. VIII 307> éste un objeto que se ha de contemplar con enojo, un objeto al que ciertamente se desea todo bien (para no convertirse en misántropo) pero sin esperarlo jamás de él, por lo cual será mejor apartar de él la vista? La respuesta a esa pregunta depende de la que se dé a esta otra: ¿Hay en la naturaleza humana disposiciones de las cuales se puede desprender que la especie progresará siempre a mejor, y que el mal del presente y del pasado desaparecerá en el bien del futuro? Porque entonces podemos amar a la especie, aunque sea

* No salta de inmediato a la vista cómo un supuesto de *filantropía* universal remite a una constitución política, pero sí cómo esta última indica la instauración de un *Derecho internacional* en tanto que único estado en el cual pueden ser debidamente desarrolladas las disposiciones de la humanidad, disposiciones que hacen a nuestra especie digna de ser amada. La conclusión de este apartado pondrá de manifiesto tal conexión.

siquiera en su constante acercamiento al bien; de lo contrario, tendríamos que odiarla o despreciarla, diga lo que diga en contra de esto la afectación de una filantropía universal (que sería entonces, a lo sumo, un amor de benevolencia, no de complacencia). Pues, aunque se haga el mayor de los esfuerzos para que el amor surja dentro de uno mismo, no se puede evitar el odio hacia lo que es y sigue siendo malo (sobre todo hacia esa maldad que consiste en una premeditada violación recíproca de los más sacrosantos derechos del hombre). Y no precisamente para hacer mal a los hombres, pero sí para tener con ellos el menor trato posible.

Moses Mendelssohn era de esta última opinión (*Jerusalem* [*o sobre el poder religioso y el judaísmo*], Secc. 2, pp. 44-47), que opone a la hipótesis de una instrucción divina del género humano, hipótesis formulada por su amigo Lessing. Para él es una quimera «que la totalidad, la humanidad en este mundo, haya de perfeccionarse y caminar siempre adelante en el curso de los tiempos». «Vemos –dice– que el género humano en su conjunto efectúa pequeñas oscilaciones, y que nunca dio un paso adelante sin retroceder poco después, con redoblada velocidad, hasta un estado anterior.» (Eso es justamente la piedra de Sísifo; de \ este modo, al igual que entre los indios, se toma a la tierra como lugar de expiación por pecados antiguos que ahora ya no se recuerdan.) El hombre sigue su marcha, pero la humanidad efectúa continuas oscilaciones hacia arriba y hacia abajo, en medio de límites fijos; mas si se la considera en su conjunto, mantiene en

<Ak. VIII 308>

todas las épocas aproximadamente el mismo nivel de moralidad, la misma dosis de religión e irreligión, de virtud y vicio, de felicidad (?)[10] e infortunio. Introduce estas afirmaciones (p. 46) diciendo: «¿Queréis adivinar qué designios se propone la Providencia con la humanidad? No inventéis hipótesis» (antes las había llamado teorías); «limitaos a mirar en torno de vosotros lo que realmente sucede, y si podéis lanzar una ojeada panorámica a la historia de todos los tiempos, contemplad también lo que siempre ha sucedido. Esto es un hecho; esto tiene que pertenecer a los designios, tiene que haber sido aprobado o, cuando menos, consentido dentro del plan de la sabiduría».

Yo soy de otra opinión. Si es espectáculo digno de una divinidad el de un hombre virtuoso luchando contra adversidades y tentaciones que inducen al mal, sin arredrarse ante ellas a pesar de todo, también es un espectáculo sumamente indigno (no diré ya de una divinidad, sino incluso del más común de los hombres, siempre que sea bienintencionado) el que ofrece periódicamente el género humano ascendiendo unos cuantos pasos hacia la virtud para recaer poco después, y siempre con igual profundidad, en el vicio y la miseria. Contemplar unos instantes esta tragedia quizá pueda ser conmovedor e instructivo, pero el telón por fin tiene que caer, pues a la larga se convierte en farsa, y aunque los actores no se cansen, porque están chiflados, sí se cansa el espectador, que

---

10. Esta interrogante la pone Kant y no Mendelssohn. [*N. T.*]

en un acto u otro tiene ya bastante, si de ahí es capaz
de inferir fundadamente que esa interminable pieza
será siempre igual. Cuando se trata de una mera representación de teatro, sin duda el castigo final puede resarcir de las sensaciones desagradables, merced
al desenlace. Pero dejar que en la realidad se amonto-
nen vicios sin cuento (aunque entreverados de virtu-
des) para que puedan ser castigados con toda justicia
un buen día, resulta incluso contrario –al menos en
mi concepto– a la moralidad de un sabio creador y
gobernador del mundo.

Se me permitirá, pues, admitir que, como el género
humano se halla en continuo avance por lo que respecta a la cultura, que es su fin natural, también cabe
<Ak. VIII 309> concebir que progresa a mejor en lo concerniente al \
fin moral de su existencia, de modo que este progreso
sin duda será a veces *interrumpido* pero jamás *roto*.
No tengo necesidad de demostrar esta suposición; es
el adversario de ella quien ha de proporcionar una
prueba. Porque yo me apoyo en un deber para mí innato, consistente en que cada miembro de la serie de
generaciones (serie en la que yo –como hombre en general– estoy, aunque con arreglo a la calidad moral
que cabe exigir de mí no soy tan bueno como debería
y, por tanto, podría ser) actúe sobre la posteridad de
tal manera que ésta se haga cada vez mejor (también
se ha de admitir, por ende, la posibilidad de esto) y de
manera que ese deber pueda así transmitirse legítima-
mente de un miembro de la serie a otro. Ahora bien:
por más dudas que de la historia quepa extraer contra
mis esperanzas –dudas que, si fueran probatorias, po-

drían inducirme a desistir de un trabajo aparentemente baldío–, mientras eso no pueda probarse con absoluta certeza, me asiste pese a todo la posibilidad de no trocar el deber (que es lo *liquidum*) por la regla de prudencia consistente en no dedicarse a lo impracticable (que sería lo *illiquidum,* pues es mera hipótesis); por incierto que me resulte y que me siga resultando siempre si cabe esperar lo mejor para el género humano, esto no puede destruir, sin embargo, la máxima –ni por tanto la necesidad de presuponerla con miras prácticas– de que tal cosa es factible.

Esta esperanza de tiempos mejores, sin la cual nunca hubiera entusiasmado al corazón humano un deseo serio de hacer algo provechoso para el bien universal, también ha ejercido siempre su influjo sobre la labor de los bienpensantes. El buen Mendelssohn debía haber contado con eso cuando tan vehementemente se esforzaba en pro de la ilustración y la prosperidad de la nación a la que pertenecía, pues no podía esperar razonablemente que las consiguiera él mismo y por sí solo, sin que otros tras él continuaran por la misma senda. Ante el triste espectáculo que ofrecen, no tanto los males que agobian al género humano por causas naturales, sino más bien aquellos que los propios hombres se infligen mutuamente, el ánimo se reconforta gracias a la perspectiva de que el futuro puede ser mejor, y ciertamente con benevolencia desinteresada, pues llevaremos mucho tiempo en la tumba antes de que se cosechen los frutos que en parte hemos sembrado nosotros mismos. Los argumentos empíricos contra el éxito de estas resoluciones tomadas por esperanza son aquí del todo ino-

<Ak. VIII 310>

perantes; la suposición de que, cuanto hasta ahora aún no se ha logrado, sólo por eso tampoco se va a lograr jamás, no autoriza en modo alguno \ a desistir de propósitos pragmáticos o técnicos (como, por ejemplo, el de viajar por el aire con globos aerostáticos), y menos todavía de un propósito moral, pues respecto de este último basta con que no se haya demostrado la imposibilidad de su realización para que constituya un deber. Además, se pueden ofrecer muchas pruebas de que el género humano en su conjunto ha hecho realmente considerables progresos, incluso por el camino de su perfeccionamiento moral, si se compara nuestra época con todas las anteriores (breves detenciones no pueden probar nada en contra); y el clamor ante el continuo aumento de su degeneración se debe precisamente a que, habiéndose situado en un nivel de moralidad más alto, tiene ante sí más amplios horizontes, y su juicio sobre lo que se es en comparación con lo que se debe ser –por tanto su autocensura– se vuelve tanto más estricto cuantos más niveles de moralidad hayamos ascendido en el curso del mundo que hemos llegado a conocer.

Si preguntamos ahora por qué medios cabría mantener, e incluso acelerar, este incesante progreso a mejor, pronto se ve que tal éxito –que llega a perderse en la inmensidad– no dependerá tanto de lo que *hagamos nosotros* (por ejemplo, de la educación que demos a la juventud) y del método con que *nosotros* hemos de proceder para conseguirlo, cuanto de lo que haga la *naturaleza* humana en nosotros y con nosotros para *forzarnos* a seguir una vía a la que difícilmente nos doblegaríamos por nosotros mismos. Pues sólo de esa naturaleza, o más bien de la *Providencia* (porque se requiere una sabiduría suprema para cumplir tal fin), podemos esperar un éxito que alcance a la totalidad y, desde ésta, llegue a las partes, mientras que los hombres en sus *proyectos* sólo arrancan de las partes, e incluso se quedan en ellas; hasta la totalidad como tal –demasiado grande para los hombres– llegarán ciertamente las ideas de éstos, pero no su influjo, sobre todo porque, al oponerse unos a otros en sus proyectos, difícilmente se unirían para ello por su propia y libre decisión.

Así como la general violencia, y la necesidad resultante de ella, terminaron haciendo que un pueblo decidiese someterse a la coacción que la razón misma le prescribe como medio, esto es, someterse a leyes públicas e ingresar en una constitución *civil,* también la necesidad resultante de las continuas guerras con que los Estados tratan una y otra vez de menguarse o sojuzgarse entre sí ha de llevarlos finalmente, incluso contra su voluntad, a ingresar en una constitución *cosmopolita;* o bien, por otra parte, si cierta situación de paz \ universal (como ha ocurrido múltiples veces <Ak. VIII 311> en el caso de Estados demasiado grandes) resulta todavía más peligrosa para la libertad, por producir el más terrible despotismo, esta necesidad les llevará entonces a una situación que no es, ciertamente, la de una comunidad cosmopolita sometida a un jefe, pero sí es una situación jurídica de *federación* con arreglo a un *derecho de gentes* comunitariamente pactado.

En efecto. El progreso cultural de los Estados, junto con su propensión –también creciente– a extenderse a costa de los otros valiéndose de la astucia o la violencia, hacen que se multipliquen las guerras y que se produzcan gastos cada vez mayores, ocasionados por ejércitos siempre en aumento (y con soldada permanente), ejércitos que se mantienen a punto y disciplinados, provistos de instrumentos bélicos cada vez más numerosos; mientras tanto, los precios de todo lo que se necesita suben constantemente, sin que quepa esperar un aumento equivalente y progresivo de los metales con que se pagan; además, ninguna paz dura tanto tiempo como para que el ahorro hecho mientras dura llegue a igualar los costes de la próxima guerra, contra lo cual la invención de la deuda pública es sin duda un recurso muy ingenioso, pero termina destruyéndose a sí mismo. Por todo ello, lo que la buena voluntad hubiera debido hacer, y no hizo, finalmente tiene que hacerlo la impotencia: organizar internamente cada Estado de manera que no sea su jefe (a quien la guerra no cuesta realmente nada, porque traslada sus costes a otro, esto es, al pueblo) sino el pueblo, a quien sí le cuesta, el que tenga la última palabra sobre si debe haber guerra o no (para eso sin duda se ha de presuponer necesariamente la realización de aquella idea del contrato originario). Pues el pueblo se guardará muy bien de exponerse al peligro de caer en su propia y particular indigencia –peligro que no afecta al jefe– sólo por ansias de expansión o por mor de presuntas ofensas meramente verbales. Y de este modo también la posteridad (sobre la cual no se harán recaer cargas de las que no es culpable, y eso no ya por amor a ella sino sólo por el amor que toda época se profesa a sí misma) podrá progresar siempre a mejor incluso en sentido moral, mientras cada comunidad, desprovista ya de facultad para dañar violentamente a otra, haya de atenerse tan sólo al derecho y pueda esperar con fundamento que otras comunidades de igual configuración acudirán entonces en su ayuda.

Esto, sin embargo, es sólo opinión y mera hipótesis: incierta como todos los juicios que quieren asignar a un efecto que se intenta, pero que no está del todo en nuestro poder, la única causa natural adecuada a él. \ E incluso, dentro de un Estado ya existente, esa hipótesis no contiene, como tal, ningún principio para que el súbdito trate de imponerla por la fuerza (como se mostró antes), sino sólo para que la pongan en práctica los soberanos libres de coacción. Si bien es cierto que no está en la naturaleza del hombre, según el orden habitual, renunciar voluntariamente a su poder, no es sin embargo imposible que eso ocurra en circunstancias apremiantes. Esperar, pues, que la *Providencia* introduzca las circunstancias requeridas para ello podría considerarse como una expresión no inadecuada de los deseos y esperanzas morales de los hombres (cuando son conscientes de su incapacidad). La providencia proporcionará una salida al fin de la *humanidad* tomada en el conjunto de su especie, para que ésta alcance su destino final mediante el uso libre de sus fuerzas y hasta donde tales fuerzas den de sí, salida a la que, por cierto, se oponen los fines de los *hombres* tomados individualmente. Y justo el hecho

<Ak. VIII 312>

de que las inclinaciones –origen del mal– se contrarresten mutuamente facilita a la razón un libre juego para dominarlas a todas y para hacer que, en lugar de reinar el mal, que se autodestruye, reine el bien, que, una vez implantado, se mantiene por sí mismo en lo sucesivo.

* * *

La naturaleza humana en ninguna otra parte se muestra menos digna de ser amada que en las relaciones mutuas entre pueblos. No hay un Estado que se encuentre seguro frente a otro, ni por un momento, en lo que respecta a su independencia o a su patrimonio. Siempre existe en el uno la voluntad de sojuzgar al otro o de reducir sus posesiones; y los pertrechos defensivos, que frecuentemente hacen a la paz todavía más agobiante y ruinosa para el bienestar interior que la propia guerra, nunca disminuyen. Ahora bien: contra esto ningún otro remedio es posible –por analogía con el Derecho civil o político de los hombres tomados individualmente– salvo el de un Derecho internacional fundado en leyes públicas con el respaldo de un poder, leyes a las cuales todo Estado tendría que someterse, pues una paz universal duradera conseguida mediante el llamado *equilibrio de las potencias en Europa* es una simple quimera, igual que la casa de Swift, tan perfectamente construida por un arquitecto de acuerdo con todas las leyes del equilibrio que, al posarse sobre ella un gorrión, se vino en seguida abajo.

Pero los Estados –se dirá– no se someterán jamás a tales leyes coactivas, y la propuesta de un Estado uni-

versal de pueblos bajo cuyo poder deberían acomo-
darse voluntariamente \ todos los Estados particulares <Ak. VIII 313>
para obedecer sus leyes, por muy bien que suene en la
teoría de un Abbé de Saint Pierre[11] o de un Rousseau[12],
no es válida, sin embargo, para la práctica; porque,
además, así es como consideraron a tal propuesta
grandes estadistas, y más aún los jefes de Estado, quienes siempre la han tenido por sospechosa de ser una
idea pedante y pueril, salida de la escuela.

Por mi parte, en cambio, confío en la teoría, pues
ésta parte del principio jurídico de cómo *debe ser* la
relación entre hombres y entre Estados, y recomien-
da a los dioses de la tierra la máxima de proceder
siempre, en sus disputas, de modo tal que con él se
introduzca ese Estado universal de los pueblos, ad-
mitiéndolo como posible *(in praxi)* y como *capaz* de
existir. Pero, a la vez, también confío *(in subsidium)*
en la naturaleza de las cosas, que lleva por la fuerza a
donde no se quiere ir de buen grado *(fata volentem
ducunt, nolentem trahunt)*[13]. Y en la naturaleza de las
cosas se incluye asimismo la naturaleza humana;
como en esta última siempre continúa vivo el respeto
por el Derecho y el deber, no puedo ni quiero considerarla hundida en el mal hasta el extremo de que la
razón práctica moral, tras muchos intentos fallidos,
no vaya a triunfar finalmente sobre el mal y no nos

11. Abbé Charles-Irenée Castel de St. Pierre (1658-1743), *Projet pour
rendre la paix perpétuelle en Europe*, Utrecht, 1713. [*N. T.*]
12. Jean-Jacques Rousseau (1712-1778), *Extrait du projet du paix perpétuelle de M. l'abbé de Saint-Pierre*, 1760. [*N. T.*]
13. Séneca, *Epístolas morales a Lucilio*, XVIII, 4 [*N. T.*]

presente a la naturaleza humana como digna de ser amada. Así pues, también desde el punto de vista cosmopolita se mantiene la tesis: lo que por fundamentos racionales vale para la teoría, es asimismo válido para la práctica.

Trabajos preparatorios de «Teoría y práctica»

Es natural que un profesor de matemáticas, ya sea <Ak. XXIII 127> por el carácter dogmático de su disciplina o como reconocimiento científico de su ignorancia (que no es sino la de todos los hombres), llegue tan lejos en sus afirmaciones como para defender, cuando menos, su falta de responsabilidad en toda revolución. Si por lo general no son sino meros pedantes y los avezados en los principios políticos son quienes encarnan a los auténticos sabios que iluminan al mundo con su conocimiento de causa, los intelectuales deberían quedar con toda razón recluidos en su academia y plegar enteramente su juicio ante quienes detentan el poder.

No sé cómo debo tomar los recientes e inusitados cargos atribuidos a la metafísica y que la convierten en causa de revoluciones políticas, si como un honor inmerecido o como una ingenua difamación, puesto que desde hace ya mucho tiempo era un principio

asumido por los hombres con responsabilidades políticas el relegarla a la academia como simple pedantería.

El arte de reptar por la moral. Cuando se trata del
derecho, no se puede partir de lo empírico, sino tan
sólo de la razón. No es cuestión de preocuparse por
los disparates a que darán lugar aquellos animosos
principios de la libertad. Todo se reduce a establecer
límites en su aplicación, de tal modo que cada cual
pueda considerar garantizados sus derechos en la sociedad civil. Ahora bien, esto no significa que uno
haya de deshacerse de una parte de su libertad para
salvar el resto, pues la libertad no es algo así como un
agregado que admita ser desmenuzado, sino una unidad absoluta en cuanto principio de un sistema al
que uno adecua ciertamente una nueva parte de sus
derechos, cual es la de la legítima coartación del otro,
en virtud de lo cual, sin embargo, nuestro arbitrio
sólo quiere aquella libertad íntegra, sin poder renunciar a ella entera o parcialmente.

El efecto de los viejos principios persiste, sólo que
con la salvedad de abandonarlo paulatinamente allí
donde no se renueve.

Libre de modo natural es quien no consiente verse
coaccionado a hacer algo en provecho de otro sin entender que ello redunda en su propio beneficio.–
Moralmente libre es aquel que no se somete a ninguna obligación contraída casualmente por él mismo.
Mas, ¿no podría éste cifrar su utilidad en el amor a
los demás? ¡No! Sólo hay dos caminos: el del Dere-
‹Ak. XXIII 128› cho o el de la fuerza. \ Un amor que no se halle coar-

tado y refrenado por los derechos del otro supone poder, y delegar en alguien el cuidado de nosotros mismos significa renunciar a la condición de ser humano, momento en el que ya no es posible quejarse de soportar injusticias. Pues ha hecho de sí mismo un mero medio.

No puede haber sino un graciable señor.

¿Qué clase de deber es el que procede del estado natural, es decir, al margen de la sociedad? Se trata de un deber que nos obliga a oponer resistencia frente a toda la comunidad salvaje; su vigencia cesa en la sociedad civil.– ¿Cuál es entonces ese deber distinto al de oponer resistencia?

No existe derecho alguno de coacción por parte del súbdito contra el *soberano,* ya que sólo éste ostenta todo derecho coercitivo y sólo a través de él lo detenta cada uno frente a sus conciudadanos.– Sobre los ejemplos de la injusticia que cometerían los súbditos contra aquellas repúblicas donde se consintiera una rebelión contra la soberanía.

Sólo puede haber un graciable señor. Pues de haber dos, los derechos de uno de ellos supondrían una obligación que podemos esgrimir para oponer resistencia al otro. Desde luego, una mayoría puede colocarse por encima del derecho coercitivo, pero desde luego sólo existe una única persona moral (legisladora o ejecutiva) mediante la cual pueda yo detentar un derecho coercitivo frente a cualquier otro.

El virtuoso no prefiere la observancia de la ley a cualquier otro motivo, porque experimente con ello un placer mayor, sino porque se trata del mayor placer que prefiere y su razón puede determinarle a ello.

La dignidad de ser feliz es aquel principio de la voluntad de un hombre que contiene las únicas condiciones bajo las cuales \ una razón legisladora universal (tanto de la Naturaleza como de la voluntad libre) puede (o podría) concordar con todos sus fines.

\k. XXIII 129>

La felicidad es algo que la Naturaleza puede otorgar. La consciencia de que se es digno de ella sólo puede proporcionarla la razón mediante la libertad conforme a las leyes.

Si una ley de actuación ha de hallarse necesariamente vinculada con la representación de que comporta un placer anejo, este placer tiene que ser ético (intelectual). Pero si una representación está conectada con un placer que se deriva de un objeto sin exigirse para ello la representación de una ley del obrar, entonces el placer es sensible y forma parte de la felicidad. Este último nos puede ser otorgado por la Naturaleza; el primero sólo podemos dárnoslo nosotros mismos. El placer basado en el cumplimiento de la ley no guarda relación alguna con la felicidad, sino con la dignidad de ser feliz, al tratarse de un asentimiento y no de un goce.

No sólo el concepto de libertad externa, sino también el de la verdadera libertad, no depende del arbitrio de otro sin contar con el consentimiento propio.

Todas las leyes jurídicas han de surgir de la libertad de aquél al que tales leyes deben obedecer. Pues el Derecho mismo no es sino la limitación de la libertad del hombre (en su uso externo) a la condición de su propia concordancia con la libertad de cada cual. De ahí que la constitución civil, en cuanto estado de derecho bajo leyes públicas, contenga como primera condición la libertad general de cada miembro de la comunidad (esto es, no la libertad ética, ni tampoco la meramente jurídica, sino la libertad política). Ésta consiste en que cada uno pueda buscar su bienestar según lo entienda y nunca pueda ser utilizado por otro como medio para la meta de su propia felicidad, así como que a la hora de procurarse la suya no haya de utilizar concepciones ajenas sobre el particular. Ahora bien, el mantenimiento del *status* global de una libertad así precavida (bajo la cual se halla asimismo comprendida la garantía de la propiedad) constituye una *salus publicum*, esto es, el mantenimiento de ese estado de libertad.– Nadie puede renunciar a esta libertad, porque dejaría de tener cualquier derecho y se convertiría \ en una cosa bien indigna. Esto es válido incluso entre los sirvientes que, en aras de su autoconservación, pueden asumir la realización colectiva de trabajos para otros.

<Ak. XXIII 130>

En lo tocante a la felicidad no me es posible afirmar que «debo», sin más, pues el hecho de que también pueda se presenta como harto dudoso. En vista del establecimiento de una comunidad tampoco vale un «debo» sin paliativos, ya que, de hecho, no puedo en tanto que particular. Pero, a pesar de todo, sí debo cumplir con todas las condiciones morales que siempre subyacen a mi libre arbitrio, al objeto de llegar a compadecerme cuanto me sea posible con ese estado.

El derecho de los hombres en cuanto derecho positivo no ha de cifrarse tan sólo en el concepto de un deber que se pueda exigir a cualquiera, sino que se sustenta asimismo en un poder de obligar a los demás a dar cumplida satisfacción a nuestros derechos. Ahora bien, este poder, bien se trate del correspondiente a las meras leyes particulares de cada cual (que le prescribe la propia razón en exclusiva) o de las leyes públicas de uno sobre todos (en una sociedad determinada) resulta conforme a la voluntad que lo impone. Aquélla constituye un poder privado, mientras ésta supone un poder público. El estado de derecho (*status iuridicus*) del hombre bajo leyes públicas representa el estado civil y el conjunto de muchos hombres asociados en ese estado, la comunidad. Por lo tanto, la comunidad también posee para sí un poder público (*vis publica*).

Los tres principios de la teoría son correctos. ¿Podría entonces el súbdito derribar una constitución que no se ajustara a tales principios? No, ni a través de una velada insurrección, ni por medio de la franca rebelión, dado que: 1) tendría lugar al margen del Derecho (pues no existe una ley que lo autorice), 2) e incluso contra el Derecho, si no del príncipe, sí del cosúbdito.

Sin embargo, la especie no aprenderá nunca y aquellos principios valen en teoría, mas no en la práctica.

Aplicando el aserto de «si vale en teoría, habría de valer asimismo en la práctica», al caso de una constitución que no se adapte a la fórmula del contrato social, ¿quedan facultados los súbditos a derrocar la existente e instituir una nueva? Con otras palabras, ¿no se deduce tal cosa del precepto de transformar el estado de naturaleza en un estado legal tan pronto como se retorne al primero? –Respuesta– En base a la necesidad teórica \ sólo me es posible definir cómo <Ak. XXIII 131 deberían ser las cosas, deduciendo a continuación su viabilidad sin poder hacer indicaciones sobre el procedimiento respecto a lo que uno deba hacer por su cuenta. Pues en esa prescripción habría de presumir lo que otros harán, lo cual, además de ser incierto, escapa de mi control, diluyéndose así el carácter práctico de aquella teoría.– Una constitución ya establecida no puede verse derogada por la insubordinación del pueblo como turba y sin que el soberano muestre oposición alguna.

Del deber absoluto que atañe a cada cual se sigue la posibilidad del obrar, mas no ocurre otro tanto con el deber absoluto relativo al establecimiento de una sociedad. De éste lo que se sigue es la necesidad de fomentar los medios apropiados para tener la capacidad de aproximarnos a ese estado, pues esto es lo que debe ocurrir.

La tergiversación estriba aquí en el concepto de bien con que suele designarse a lo agradable (al elemento de la felicidad), el cual representa sin duda (relativamente) un bien (para la inclinación de este o aquel hombre), pero difiere sustancialmente de aquél que lo es en sí y de modo incondicionado, sin suponer en absoluto un elemento de la felicidad. Así resulta, desde luego, bueno para un hombre malversar un capital que le ha sido confiado (*depositum*) o en términos generales llevar una vida holgada, mas no se trata de algo bueno en sí, pues la razón quiere que se vea privado de todas esas ventajas, pero dé a luz lo que es bueno en sí mismo. El motivo es allí la felicidad, aquí el deber, y ambos pueden quedar inscritos bajo la rúbrica del bien, mas no bajo una y la misma sección, ya que la primera pertenece a la del bien físico y la otra a la del bien moral, constituyendo dos apartados que no han de tenerse mutuamente en cuenta, como si sólo se diferenciaran entre sí de un modo gradual con arreglo a las preferencias de la voluntad.

En un caso la preferencia queda revestida de necesidad, en el otro sujeta al capricho. En el primero conforme a conceptos universales de la razón, en el segundo según sus entendederas e inclinación.

Tengo que preferir. Complacencia. \

<Ak. XXIII 132>

El *proton pseudos* de este argumento estriba en la ambigüedad de lo que se entiende por «preferir», concepto donde tan pronto se toma la causa por el efecto como, justamente al revés, el efecto pasa por ser la causa. La representación de la ley procurada por la razón como causa del deber que determina la voluntad es considerada el efecto de un sentimiento de placer sensible focalizado en un objeto y esta representación de la felicidad es tomada por la causa que determina la voluntad. ¿Qué ha de ir por delante al preguntarme si debo devolver a quien lo reclama un bien en custodia? ¿Acaso la promesa del sentirse satisfecho con uno mismo que pudiera entrañar dicha restitución? ¿He de asentar la satisfacción que presumo como fundamento para reconocer la autoridad de la ley o, bien al contrario, esta satisfacción derivada de semejante acción sólo puede verificarse porque reconozco previamente la autoridad de la ley? Cuando tomo en cuenta el beneficio que podría reportarme la malversación del depósito, veo aparecer ante mí una libre elección entre todos esos deleites, con lo cual no tiene cabida necesidad alguna de preferir una u otra cosa o, cuando menos, ninguna ley a la que se someta necesariamente toda voluntad. Pero en la preferencia de la ley del deber soy consciente, al mismo tiempo, de que debo actuar así, esto es, mi razón me presenta, simultáneamente, la acción como necesaria. Se da aquí una diferencia entre la determinación inmediata de actuar y la meramente mediata, si se comienza por localizar en mis sentidos un fundamento a tal efecto.

El *proton pseudos* se halla en la siguiente definición: «una serie de estados buenos (que alguno prefiere a otras modalidades) configura el concepto universalísimo de felicidad», porque un estado de la voluntad libre que acata una reconocida ley del deber, si es preferido ante cualquier otro estado placentero procurado por algún objeto (ajeno a la ley misma), no constituye en modo alguno un elemento de la felicidad; pues el primero representa un estado de la instancia que *debo* preferir (en virtud de una constricción que la razón ejerce sobre mi voluntad) y, sin duda, fija su atención en la propia acción, no en los presuntos goces que puedan derivarse de ella (los cuales forman parte de la felicidad). Toda la cuestión se reduce a dilucidar lo que va por delante: la previsión del placer que me es inminente a causa de la acción (como móvil o motivo de la acción) o la determinación de la voluntad a actuar de inmediato en virtud de su ley, dándose a continuación un regocijo en este \ estado *que resulta indisociable del mismo,* con la salvedad de que este placer es enteramente distinto a cuantos integran la felicidad. Cuando devuelvo un depósito cuya custodia me fue confiada sólo por mor del deber, me digo a mí mismo algo así como «¡déjate de titubeos!», ningún estado es *más agradable,* pues éste es *mejor* que aquel deleite, ya que esta forma de actuar es *buena en sí misma* sin aguardar sus efectos, no grata en sí misma. Es falso que haya de saber, de antemano y en abstracto, lo que es bueno, antes de que compute bajo la rúbrica del bien el cumplimiento de la ley moral. Puesto que sin el deber, es decir, sin conocer una ley de la razón, no sabría que algo es bueno en términos absolutos.

<Ak. XXIII 133>

A esta impugnación de mis tesis las llamo «objeciones» por entender que mediante ellas se pretende llegar a comprenderlas mejor; así, y no como un ataque que las negaría tajantemente e incitaría a la defensa, es como quiero considerar los argumentos de ese hombre venerable.

No creo que se me pueda inculpar de haber adulado en exceso al soberano con la inviolabilidad de su persona y de sus derechos, mas tampoco ha de imputárseme que favorezco demasiado al pueblo porque reivindique para él, cuando menos, el derecho de manifestar públicamente su parecer acerca de los errores cometidos por el gobierno.

Hobbes sostuvo que el pueblo no conserva derecho alguno tras la transmisión efectuada por medio del contrato social. Pero ha de querer decir únicamente que no posee el derecho de rebelión, mas sí el de amonestación y el de promulgar la idea de perfección. Pues, de lo contrario, ¿de dónde deben provenir ambas cosas?

Que el pueblo no pueda reservarse tácitamente una rebelión.

Lo que el pueblo no puede decidir sobre sí mismo (establecer una fe eclesiástica inmutable), tampoco puede decidirlo el soberano sobre su pueblo. \ <Ak. XXIII 134

El pueblo no tiene derecho alguno a entablar hostilidades contra el soberano, porque éste representa al pueblo mismo. Súbdito de alguien es aquel que no posee ningún derecho coercitivo contra él y por eso acata sus mandatos.

Porque toda coerción de un ciudadano sobre otro sólo puede ser ejercida por medio del soberano, contra quien no vale coacción alguna; el ministro, sin embargo, oficia como correa de transmisión por la que poder presentar al soberano las quejas (*gravamen*), por lo que tampoco cabe ejercer contra él derecho coercitivo alguno, pues tendría que utilizarse a sí mismo como instrumento para ello. Todas las *modalidades de gobierno* son sólo *formas* de la presentación de una idea.

La cuestión es si el poder que emana del deber concierne al gobernante o al pueblo.

Contra Hobbes y su maquiavelismo de que el pueblo no posee derecho alguno.

La reforma ha de tener su origen en la voluntad del propio soberano. Ésta, sin embargo, no es *de facto* la voluntad mancomunada de todo un pueblo, sino que debe llegar a serlo paulatinamente. Los escritos han de colocar tanto al soberano como al pueblo en situación de reconocer lo que es injusto. Discretamente.

Primero tiene que ser colocada la voluntad general del pueblo, sin hacer todavía ninguna disquisición de orden personal, como fundamento para deducir la cualificación del ciudadano. En esta categoría ingresarán las mujeres, los niños, los jornaleros, etc., cuando conquisten una independencia que les permita dedicarse a los asuntos públicos.

¿Qué es la metafísica? La filosofía de lo suprasensible, esto es, de aquello que no puede ser dado en ninguna experiencia. A este mismo orden de cosas pertenece también el Derecho. Dios como fundamento de la Naturaleza. Libertad, la base de las leyes morales. Inmortalidad, donde Dios proporciona, en cuanto autor de las leyes morales, efectos que corresponden a esas leyes en la Naturaleza. El Derecho internacional como una comunidad cosmopolita.

De los conceptos jurídicos en tanto que principios *a priori* han de ser deducidos los principios de la constitución política, y esto es teoría. Que algo sea considerado como un derecho en virtud de la experiencia, único criterio empleado hasta la fecha para determinar ese estatuto, constituye \ un principio falso y perjudicial. Es algo así como uncir a los caballos detrás del carruaje.

Como el Derecho entraña un equilibrio entre la acción y la reacción, fruto de la ley de la libertad, práctico es asimismo el único principio posible que resulte válido para mantener un todo constante entre seres obstinados, siendo aquí la teoría a su vez práctica en sus máximas, aunque la ejecución estribe en ensayos empíricos.

Por debajo de la moral y de la constitución política no puede organizarse nada. Las guerras todo lo empobrecen, ya que incrementa su número con la cultura y resultan cada vez más costosas, al requerir muchos soldados con remuneración permanente, así como muchas armas. Pero desde arriba, partiendo del agregado de naciones que, según los móviles inherentes a la naturaleza humana de la envidia y el afán de dominio, combaten hasta el límite de sus fuerzas, es posible que los Estados lleguen al estadio de repúblicas.

Bibliografía

Diccionario histórico de la Ilustración, Alianza Editorial, Madrid, 1998.

En la cumbre del criticismo (Simposio sobre la Ctítica del Juicio *de Kant)*, Anthropos, Barcelona, 1992.

Ética y antropología: un dilema kantiano (En los bicentenarios de la Antropología en sentido pragmático *y la* Metafísica de las costumbres), Comares, Granada, 1999. http://digital.csic.es/handle/10261/32164

Kant et les Lumières européennes, París, J. Vrin, 2009.

Kant und die Aufklärung, Georg Olms, 2011.

Kant und die Berliner Aufklärung, Berlín/Nueva York, Walter de Gruyter, 2001.

Kant: L'Anthropologie et l'histoire, L'Hartmattan, Paris, 2011.

La paz y el ideal cosmopolita de la Ilustración (A propósito del bicentenario de «Hacia la paz perpetua» de Kant), Tecnos, Madrid, 1996. http://digital.csic.es/handle/10261/32134

La ilustración olvidada (ed. de Julio Seoane), FCE, Madrid, 1999.

Aramayo, Roberto R., *Crítica de la razón ucrónica. Estudios en torno a las aporías morales de Kant* (pról. de Javier Muguerza), Tecnos, Madrid, 1992. http://digital.csic.es/handle/10261/13639

– «La pseudoantinomia entre autonomia y universalidad. Un diálogo con Javier Muguerza», en Roberto R. Aramayo, Javier Muguerza y Antonio Valdecantos (eds.): *El individuo y la historia. Herencia de las antinomias modernas*, Paidós, Barcelona, 1995; pp. 155-170. http://digital.csic.es/handle/10261/13642

– *La quimera del Rey Filósofo (Los dilemas del poder, o el peligroso idilio entre lo moral y la política)*, Taurus, Madrid, 1997. http://digital.csic.es/handle/10261/13646

– *Immanuel Kant. La utopía moral como emancipación del azar*, EDAF, Madrid, 2001.

– «Autoestima, felicidad e *imperativo elpidológico*: las razones del (anti)eudemonismo kantiano», *Diánoia,* 43, UNAM, 1997; pp. 77-94. http://dianoia.filosoficas.unam.mx/info/1997/DIA97_R%20Aramayo.pdf

– «Las "liaisons dangereuses" entre la moral y lo político, en Roberto R. Aramayo y José Luis Villacañas (eds.): *La herencia de Maquiavelo: Modernidad y voluntad de poder*, Fondo de Cultura Económica, Madrid, 1999 (pp. 43-75). http://digital.csic.es/handle/10261/32165

– «Las (sin)razones de la esperanza en Javier Muguerza e Immanuel Kant», *Isegoría,* 30, diciembre, 2004, pp. 91-105. http://digital.csic.es/handle/10261/9780

– «La paradójica herencia de la Ilustración kantiana en Schopenhauer», *Revista de Filosofía y Teoría Política,* 36, La Plata, Argentina, 2005; pp. 13-28.

– «Las claves roussenianas del concepto kantiano de Ilustración», *Revista Latinoamericana de Filosofía*, Argentina, primavera 2005; vol. XXXI, núm. 1; pp. 237-252.

– «Mendacidad y rebelión en Kant (glosas al presunto derecho de mentir por filantropía: Un debate con Aylton Barbieri Durâo)», *Philosophica* , 27, Lisboa, 2006; pp. 183-196.

– «La sinrazón de la esperanza. El imperativo de la disidencia como fundamentación para una moral utópica», en J. Francisco Álvarez, y Roberto R. Aramayo, (eds.) *Disenso e incertidumbre. Un homenaje a Javier Muguerza*, Plaza y Valdés, Madrid / México; pp. 41-71, 2006.
http://www.plazayvaldes.es/libro/disenso-e-incertidumbre/1217/

– «Carta preliminar en torno a la correspondencia de Rousseau y su apuesta "kantiana" por una primacía moral», en J. J. ROUSSEAU, *Cartas morales y otra correspondencia filosófica*, Plaza y Valdés, Madrid/México, 2006; pp. 17-54.

– «Ernst Cassirer: un historiador de las ideas en lucha contra la barbarie del totalitarismo», en E. CASSIRER, *Rousseau, Kant y Goethe. Filosofía y literatura en el Siglo de las Luces*; edición de Roberto R. Aramayo. Fondo de Cultura Económica, Madrid, 2009; pp. 9-47.

– «Teoría y práctica desde la historia de las ideas: Cassirer y su lectura de la Ilustración europea tras el debate sobre Kant celebrado en Davos», *Devenires, Revista de Filosofía y Filosofía de la Cultura,* 19, México, 2009; pp. 151-176.
http://filos.umich.mx/publicaciones/wp-content/uploads/2011/11/Devenires-19.pdf

– «Diderot, o el apogeo del filosofar; estudio introductorio a Denis Diderot», *Pensamientos filosóficos. El combate de la libertad*, Proteus, Barcelona, 2009; pp. 13-48

– «L'*eudemonologia* di Schopenhauer nel suo fondo kantiano», *Schopenhauer-Jahrbuch* 92, 2011, pp. 46-67.
http://www.schopenhauer.philosophie.uni-mainz.de/SchopJbInhVerz.htm#SJ2011

– «Immanuel Kant: La Revolución Francesa desde una perspectiva cosmopolita», en Pablo Sánchez Garrido (ed.), *Historia del análisis político*, Tecnos, Madrid, 2011; pp. 427-438.

– «Diderot y su revolución del pensar por sí mismo», en Fina Birulés, Antonio Gómez Ramos y Concha Roldán (eds.), *Vivir para pensar. Homenaje a Manuel Cruz*, Herder, Barcelona, 2012; pp. 357-385.

– «Crisis y revoluciones. Aproximaciones a su interdependencia desde la filosofía y sus clásicos: Rousseau, Kant, Tocqueville, Cassirer y Arendt», en *Claves de razón práctica* 227, marzo-abril de 2013; pp. 100-111.

– «La política y su devenir histórico en el pensamiento de Kant», *Ideas y Valores;* en prensa.

BERKEMANN, J., *Studien über Kants Haltung zum Widerstandsrecht*, Hamburgo, 1972.

BLOM, Philip, *Encyclopédie. El triunfo de la razón en tiempos irracionales*, Anagrama, Barcelona, 2007.

– *Gente peligrosa. El radicalismo olvidado de la Ilustración europea*, Anagrama, Barcelona, 2012.

BURG, Peter, *Kant und die Französische revolution*, Berlín, 1974.

CASSIRER, Ernst, *Rousseau, Kant y Goethe. Filosofía y literatura en el Siglo de las Luces* (ed. de Roberto R. Aramayo), FCE, Madrid, 2007.

CASTILLO, Monique, *Kant et l'avenir de la culture*, París, 1999.

DESPLAND, M., *Kant on History and Religion*, McGill-Queens University Press, Montreal/London, 1973.

DICENSO, J., *Kant, Religion and Politics*, Cambridge, CUP, 2013.

FEDERICO II DE PRUSIA y VOLTAIRE, *Antimaquiavelo, o refutación del Príncipe de Maquiavelo* (edición crítica, traducción, notas y estudio preliminar de Roberto R. Aramayo), Centro de Estudios Constitucionales, Madrid, 1995.

FLIKSCHUH, K., *Kant and Modern Political Philosophy*, CUP, 2008.

FLÓREZ MIGUEL, Cirilo, *Kant, de la Ilustración al socialismo*, Salamanca, 1976.

GALSTON, W., *Kant and the Problem of History*, Chicago, 1975.

GOLDMANN, Lucien, *Introducción a la filosofía de Kant*, Amorrortu, Buenos Aires, 1974.

GONZÁLEZ VICÉN, Felipe, *La filosofía del Estado en Kant*, La Laguna, 1952.

KLEINGELD, P., *Kant and Cosmopolitanism. The philosophical Ideal of World Citizenship*, Cambridge, CUP, 2011.

KLEMME, H. (Hrsg.), *Kant und die Zukunft der europäischen Aufklärung*, Berlín, W. de Gruyter, 2009.

Kervégan, Jean-François (ed.), *Raison pratique et normativité chez Kant*, Ens Editions, 2010.

LONGUENESSE, B., *Kant on the human standpoint*, Cambridge, CUP, 2009.

LOUDEN, R., *The World We Want: How and Why the Ideals of the Enlightenment Still Elude Us*, Oxford U.P., 2007.

MENZER, Paul, *Kants Lehre von der Entwicklung in Natur und Geschichte*, Berlín, 1911.

MUGLIONI, Jean-Michel, *La philosophie de l'histoire de Kant*, París, 2011.

MUGUERZA, Javier, «La indisciplina del espíritu crítico (una perspectiva filosófica)», epílogo a I. Kant, *El conflicto de las Facultades. En tres partes*, Alianza Editorial, Madrid, 2003.

– «Kant y el sueño de la razón», en *La herencia ética de la Ilustración*, Crítica, Barcelona, 1991.

NEGRI, A., *L'etica kantiana e la storia*, Florencia, 1961.

PHILONENKO, Alexis, *Théorie et paxis dans la pensée morale et politique de Kant et de Fichte en 1793*, Parií, 1968.

– *La théorie kantienne de l'histoire*, Vrin, París, 1980.

REBOUL, O.: *Kant et le probrème du mal*, Montréal. 1971.

SÁNCHEZ MADRID, Nuria, «Las pasiones y sus destino», *Ideas y valores;* en prensa.

SCHMIDT, J./ OKSENBERG RORTY, A. (eds.), *Kant's 'Idea for a Universal History with a Cosmopolitan Aim': a Critical Guide,* Cambridge, CUP, 2009.

SEIDLER, M. J., *The Role of Stoicism in Kant's Moral Philosophy*, Saint Louis, 1981.

SENSEN, O., *Kant on Human Dignity*, Berlín/Nueva York, 2011.

– (Hrsg.) *Kant on moral autonomy,* Cambridge, CUP, 2012.

SWEET, K.E., *Kant on practical life. From Duty to Story*, Cambridge, CUP, 2013.

UREÑA, E. M., *Crítica kantiana de la sociedad y de la religión*, Tecnos, Madrid, 1979.

VALDECANTOS, Antonio, «El uso público de las humanidades», en *Homenaje a Emilio Lledó*, Crítica, Barcelona, 2001.

VILLACAÑAS, José Luis, *Dificultades con la Ilustración. Variaciones sobre temas kantianos*, Verbum, Salamanca, 2013.

VLACHOS, George, *La philosophie politique de Kant,* París, 1962.

VORLÄNDER, Karl, *Kant und Marx,* Tübingen, 1911.

WEIL, Eric, *Problèmes kantiens*, Vrin, 1970.

WEYAND, K., *Kants Geschichtsphilosophie (Ihre Entwicklung und ihre Verhältniss zur Aufklärung)*,Colonia, 1963.

YOVEL, Yirmiahu, *Kant ad the Philosophy of History*, Princenton, 1980.

Cronología*

1724 El día 12 de abril nace Immanuel Kant (cuarto hijo
del matrimonio formado por el maestro guarnicione-
ro Johann Georg Kant y Reginna Anna Reuter) en
Königsberg, ciudad portuaria que fuera capital de la
Prusia Oriental y que actualmente se halla enclavada
en territorio ruso. Su madre le inculca desde muy
niño los preceptos del pietismo.

1732 Es alumno en el Collegium Fredericianum que dirige
Franz Albert Schultz, amigo de sus padres y profesor
de Teología en la universidad, bajo cuya tutela Kant
cobrará una gran afición por los clásicos y la lengua
latina.

1738 Fallece su madre, de la que siempre guardará un venerable recuerdo.

1740 Comienza sus estudios universitarios trabando amis-
tad con uno de sus profesores, Martin Nutzen, quien

* Se reseñan entre corchetes las traducciones al castellano de los escritos kantianos citados.

le hace interesarse muy especialmente por las doctrinas de Newton.

1746 El mismo año que muere su padre publica la primera obra: *Pensamientos sobre la verdadera estimación de las fuerzas vivas* [traducción y comentario de Juan Arana; Editorial Peter Lang, Berna, 1988]. Al carecer de recursos económicos, decide hacerse preceptor y oficia como tal para tres familias distintas en los alrededores de Königsberg, siendo la única vez que se aleja de su ciudad natal, aun cuando sus vastos conocimientos geográficos hicieran creer más adelante a sus contertulios que se hallaban ante un gran viajero.

1755 Publica uno de sus principales escritos precríticos, *Historia general de la naturaleza y teoría del cielo* [trad. de Jorge E. Lunqt; Juárez Editor, Buenos Aires, 1969]. Se doctora el 12 de junio con una disertación redactada en latín: *Sucinto esbozo de las meditaciones habidas acerca del fuego* [trad. de Atilano Domínguez; en *Opúsculos de filosofía natural*, Alianza Editorial, Madrid, 1992]. El 27 de septiembre obtiene la venia docendi con su *Nueva dilucidación de los primeros principios de la metafísica* [trad. de Agustín Uña Juárez; Editorial Coloquio, Madrid, 1987].

1756 Se le nombra profesor ordinario de la universidad tras presentar una disertación conocida por *Monadología física* [trad. de Roberto Torretti; en la revista *Diálogos* de Puerto Rico (1978) pp. 173-190]. Publica sus *Nuevas observaciones en torno a la teoría de los vientos* [trad. de Emilio A. Caimi y Mario Caimi; en *Homenaje a Kant*, Buenos Aires, 1993, pp. 97-143]. En abril solicita la cátedra de Lógica y Metafísica, vacante tras la muerte de Martin Nutzen, pero el gobierno prusiano la deja sin cubrir por un recorte presupuestario.

1758 *Nuevo concepto del movimiento y el reposo* [trad. de Atilano Domínguez; en *Opúsculos de filosofía natural*, Alianza Editorial, Madrid, 1992].

1759 Su *Ensayo sobre algunas consideraciones acerca del optimismo* aparece al mismo tiempo que el *Cándido* de Voltaire.

1762 Herder asiste a sus clases, de las que diría lo siguiente: «Tuve la suerte de tener como profesor a un gran filósofo al que considero un auténtico *maestro de la humanidad*; sus alumnos no recibían otra consigna salvo la de *pensar por cuenta propia*». Kant publica *La falsa sutileza de las cuatro figuras del silogismo* [trad. de Roberto Torretti; en la revista *Diálogos* de Puerto Rico (1978) pp. 7-22]. Llegan a Königsberg *Del contrato social* –condenado a la hoguera en París– y el *Emilio, o De la educación* de Rousseau, ese «Newton del mundo moral» cuya incidencia en el pensamiento kantiano había de imprimir un giro ético a sus inquietudes.

1763 Aparecen *El único argumento posible para demostrar la existencia de Dios* [trad. de José María Quintana Cabanas; PPU, Barcelona, 1989] y el *Ensayo para introducir el concepto de magnitudes negativas en la sabiduría del universo* [trad. de Atilano Domínguez; en *Opúsculos de filosofía natural*, Alianza Editorial, Madrid, 1992].

1764 *Observaciones acerca del sentimiento de lo bello y de lo sublime* [introducción y notas de Luis Jímenez Moreno; Alianza Editorial, Madrid, 1990]. *Ensayo sobre las enfermedades de la cabeza* [trad. y notas de Alberto Rábano Gutiérrez y Jacinto Rivera de Rosales, con introd. de Agustín Béjar; A. Machado Libros, Madrid, 2001]. Kant logra el segundo premio en un concurso entablado por la Academia de Ciencias de Berlín con su *Indagación sobre la evidencia de los principios de la teología natural y de la moral* [trad. de Roberto Torretti; en la revista *Diálogos* de Puerto Rico (1978) pp. 57-87]. El gobierno prusiano le ofrece una cátedra de Poesía, que Kant declina pese a sus constantes cuitas económicas.

1765   Obtiene su primer empleo estable al ser nombrado viceblibliotecario en la Biblioteca Real del Castillo de Königsberg. *Aviso sobre la orientación de sus lecciones en el semestre de invierno 1765-1766* [trad., introd. y notas de Alfonso Freire; en la revista *Ágora* 10 (1991) pp. 131-152].

1766   Decepcionado por la lectura de Swedenborg, Kant escribe *Los sueños de un visionario explicados por los sueños de la metafísica* [trad. e introd. de Pedro Chacón e Isidoro Reguera; Alianza Editorial, Madrid, 1987].

1768   *Sobre el primer fundamento de la diferencia de las regiones del espacio* [presentación, trad. y notad de Luisa Posada Kubissa; en la revista *Er* 9/10 (1989) pp. 243-255].

1769   Ante la perspectiva de un puesto en su ciudad natal, Kant no acepta las ofertas que le hacen las universidades de Jena y Erlangen. Es también «el año de la gran luz» o el descubrimiento del carácter antinómico de la razón.

1770   Se convierte por fin en profesor ordinario de Metafísica y Lógica (la cátedra que había ocupado su querido maestro Martin Nutzen). La disertación preparada para tal ocasión viene a cerrar el período precrítico: *Principios formales del mundo sensible y del inteligible (Disertación de 1770)* [trad. de Ramón Ceñal, con estudio preliminar y complementos de José Gómez Caffarena; CSIC, Madrid, 1996].

1771   Comienza la llamada «Década del silencio», un tiempo en el que Kant no publicará nada, entregado por completo a poner las bases del sistema crítico. Los ochenta compensarán con creces este alejamiento de la imprenta.

1772   Kant renuncia a su puesto de vicebibliotecario.

1778   El ministro prusiano de Educación y Cultura, Zedlitz, quiere animar a Kant para que acepte una cátedra en Halle, pero éste declina la invitación.

1780 Kant ingresa en el senado académico de la Universidad de Königsberg.

1781 Primera edición de la *Crítica de la razón pura* [trad., notas e introducción de Mario Caimi, Colihue Clásica, Buenos Aires, 2009 / ed. Pedro Ribas, Alfaguara, 1978].

1783 *Prolegómenos a toda metafísica futura que pueda presentarse como ciencia* [edición bilingüe, trad., comentarios y notas de Mario Caimi; Istmo, Madrid, 1999].

1784 Adelantándose a la publicación por parte de su antiguo alumno Herder de una voluminosa obra sobre filosofía de la historia, Kant escribe un opúsculo titulado: *Idea para una historia universal en sentido cosmopolita* [trad. de Roberto Rodríguez Aramayo y Concha Roldán Panadero; en *Ideas para una historia universal en sentido cosmopolita y otros escritos sobre filosofía de la historia*, Editorial Tecnos, Madrid, 1987; recogido después en *¿Qué es la Ilustración? Y otros escritos de ética, política y filosofía de la historia,* Alianza Editorial, Madrid, 2004]. También publica *¿Qué es la Ilustración?* [edición de Roberto R. Aramayo, Alianza Editorial, Madrid, 2004].

1785 *Fundamentación para una metafísica de las costumbres* [edición de Roberto R. Aramayo, Alianza Editorial, Madrid, 2012].

1786 *Recensiones sobre la obra de Herder «Ideas para una filosofía de la historia de la humanidad»* y *Probable inicio de la historia humana* [trad. de Roberto Rodríguez Aramayo y Concha Roldán Panadero; en *Ideas para una historia universal en sentido cosmopolita y otros escritos sobre filosofía de la historia*, Editorial Tecnos, Madrid, 1987; recogidos después en *¿Qué es la Ilustración?,* Alianza Editorial, Madrid, 2004]. *Definición de la raza humana* [trad. de Emilio Estiú; Editorial Nova, Buenos Aires, 1958]. *Cómo orientarse en el pensamiento* [trad. de Carlos Correas; Editorial Leviatán, Buenos Aires, 1983]. *Principios metafísicos de la ciencia de la naturaleza* [trad. de José Aleu Benítez; Alianza Editorial, Madrid, 1991]. Es nombrado por primera vez Rector de la Universidad de Königsberg. Muere Federico II de Prusia, más conocido como «el Grande».

1787 Segunda edición de la *Crítica de la razón pura*. En diciembre del mismo año ya está compuesta la segunda *Crítica*, aun cuando su pie de imprenta no lo refleje.

1788 Aparece la *Crítica de la razón práctica* [edición de Roberto R. Aramayo; Alianza Editorial, Madrid, 2013] el mismo año en que nace Arturo Schopenhauer. *Sobre el uso de principios teleológicos en la filosofía* (edición de Nuria Sánchez Madrid) en *Logos* 37 (2004), pp. 7-47. Es nombrado Rector por segunda vez. Wöllner sustituye a Zedlitz, publicando los decretos sobre religión (9 de julio) y censura (19 de diciembre) que tanto habrían de amargar a Kant.

1790 *Crítica del discernimiento, o de la facultad de juzgar* [edición de Roberto R. Aramayo y Salvador Mas, Alianza Editorial, Madrid, 2012]. *Por qué no es inútil una nueva crítica de la razón pura (respuesta a Eberhard)* [trad. de Alfonso Castaño Piñan; Editorial Aguilar, Buenos Aires, 1973].

1791 *Sobre el fracaso de todas las tentativas filosóficas en teodicea* [trad. de Juan Villoro; UNAM, México, 1992]. Kant redacta un trabajo para contestar a esta pregunta formulada por la Academia de Ciencias de Berlín: «¿Cuáles son los verdaderos progresos realizados por la metafísica en Alemania desde los tiempos de Leibniz y Wolff?»; sin embargo, finalmente no lo presentó a concurso [*Los progresos de la metafísica desde Leibniz y Wolff*, trad. e introd. de Félix Duque; Tecnos, Madrid, 1987].

1793   *En torno al tópico: «Tal vez eso sea correcto en teoría, pero no sirve para la práctica»* [trad. de Manuel Francisco Pérez López y Roberto Rodríguez Aramayo; en *Teoría y práctica*, Tecnos, Madrid, 1986]. Tras los avatares experimentados con la censura, Kant publica finalmente *La religión dentro de los límites de la simple razón* [trad., pról. y notas de Felipe Martínez Marzoa; Alianza Editorial, Madrid, 1991].

1794   *El fin de todas las cosas* [trad. y pról. de Eugenio Ímaz; F.C.E., México, 1979]. El rey Federico Guillermo II de Prusia le conmina a no manifestarse sobre temas relacionados con la religión.

1795   Ve la luz *Hacia la paz perpetua. Un esbozo filosófico* [trad., introd. y notas de Jacobo Muñoz; Biblioteca Nueva, Madrid, 1999].

1796   *Acerca del tono aristocrático que viene utilizándose últimamente en filosofía* [trad. de Jürgen Misch y Luis Martínez de Velasco; en *Ágora* 9 (1990) pp. 137-151]. *Anuncio de la próxima celebración de un tratado de paz perpetua en la filosofía* [trad. de Rogelio Rovira; en *Diálogo filosófico* 20 (1991) pp. 164-173].

1797   *La metafísica de las costumbres* [trad. de Adela Cortina y Jesús Conill; Editorial Tecnos, Madrid, 1989].

1798   *Sobre un presunto derecho de mentir por filantropía* [trad. de Juan Miguel Palacios; en *Teoría y práctica*, Editorial Tecnos, Madrid, 1986; recogido después en *Qué es la Ilustración?*, Alianza Editorial, 2004]. *El conflicto de las Facultades (En tres partes)* [ed. de Roberto R. Aramayo, Alianza Editorial, Madrid, 2003]. *Antropología en sentido pragmático* [trad. de José Gaos; Alianza Editorial, Madrid, 1991 / trad. de Mario Caimi, Losada, Buenos Aires, 2010]. En lo sucesivo Kant no pudo supervisar los textos publicados por sus discípulos.

1800   *Lógica. Un manual de lecciones* [edición de María Jesús Vázquez Lobeiras, con un pról. de Nobert Hinske; Editorial Akal, Madrid, 2000].

1803   *Sobre pedagogía* [trad. de Lorenzo Luzuriaga, con pról. y notas de Mariano Fernández; Akal, Madrid, 1983].

1804   *Los progresos de la metafísica desde Leibniz y Wolff* [ed. de Félix Duque; Tecnos, Madrid, 1987]. Después de un largo tiempo en que sus fuerzas físicas y mentales han ido languideciendo paulatinamente (consunción que habría de novelar Thomas De Quincey en *Los últimos días de Kant*), el filósofo de Königsberg expira el 12 de febrero.

* * *

1817   *Lecciones sobre la filosofía de la religión* [edición de Alejandro del Río y Enrique Romerales; Akal, Madrid, 2000].

1821   *Metafísica. Lecciones publicadas en alemán por Pölitz, traducidas al francés por J. Tissot* [trad. del francés de Juan Uña; Iravedra y Novo, Madrid, 1877].

1884   *Transición de los principios de la ciencia natural a la física. Opus postumun* [ed. de Félix Duque; Editora Nacional, Madrid, 1983].

1922   *Primera introducción a la Crítica del Juicio* [edición de Nuria Sánchez Madrid, Escolar y mayo, 2011].

1924   *Lecciones de ética* [edición de Roberto Rodríguez Aramayo y Concha Roldán Panadero; Crítica, Barcelona, 2002].

1997   *Antropología práctica* [edición de Roberto Rodríguez Aramayo; Tecnos, Madrid, 1990].
            Kant. Antología [edición de Roberto R. Aramayo, Península, Barcelona, 1991]. Aquí se recoge una selección de reflexiones y trabajos preparatorios del *Nachlaß* kantiano relativos a su filosofía moral.